中公新書 2678

岩田慎平著

北条義時

鎌倉殿を補佐した二代目執権

中央公論新社刊

はじめに

源《みなもとのよりいえ》頼家、足利義詮《あしかがよしあきら》、徳川秀忠《とくがわひでただ》。

近年にはそれぞれ研究が進展したものの、いわゆる武家政権において、二代目は影が薄い。

北条義時《ほうじょうよしとき》は、平家が躍進を遂げつつある長寛《ちょうかん》元年（一一六三）、伊豆国《いずのくに》の要衝にあたる田方《たがた》郡北条を名字の地とする北条時政《ときまさ》の次男として生まれた。鎌倉幕府成立以前から北条氏は伊豆国に在住していたのだが、源頼朝《よりとも》による鎌倉幕府草創に着目すれば、時政が初代で、義時はその二代目ということになろう。やはりどこか、影が薄い。

当時、父の義朝《よしとも》が平治《へいじ》の乱で敗れたため伊豆国に配流《はいる》されていた頼朝からは、「家子《いえのこ》の専《せん》一《いっ》（最も信頼の置ける腹心の部下）」と呼ばれるほどの信任を得たとされる。頼朝の妻となった姉の政子《まさこ》とは、終生、政治的立場を同じくした。将軍頼朝や政子らを支えつつ、しかも幕府の運営実務を担う吏僚《りりょう》らとも巧みに提携を図っている。この間、幕府には内紛が相次いだ。ときには義時もその当事者となり、まさに矢面《やおもて》に立ちながら、生き残りを果たしたのである。

将軍による決裁を、数名の有力御家人が補佐するという幕府の最高意思決定の基本的な形が定着したのは、義時の時代である。

彼が主導する鎌倉幕府は承久《じょうきゅう》の乱で勝利を収め、以後は武家優位の公武関係が確立する。その関係性は、鎌倉幕府が滅亡した後も、室町・江戸の両幕府をはじめとする武家政権に受け継がれていくのである。

その中心にいた義時の影が薄いのは、そもそも若年の頃の活動を裏付ける史料に乏しいことに加え、鎌倉幕府の制度上、特筆大書すべき事績が見当たらないことにあるのかもしれない。彼の人生においてハイライトを飾るべき承久の乱も、実際の合戦で活躍したのは長男の泰時《やすとき》や孫の時氏《ときうじ》らであるし、その泰時のもとで幕府は最も安定した時代を築くことになる。

だが、鎌倉時代を通じて幕府の舵取《かじと》りを担ったのが北条氏だとするなら、その土台を築いたのは義時である。

日本中世史の研究を振り返ると、北条義時は鎌倉幕府において執権《しっけん》政治の基礎を固めた人物であるという評価が与えられてきた（安田元久『北条義時』）。執権政治とは、執権の地位を得た北条氏が、幕府の実権を掌握した政治体制のことをいう。執権は、鎌倉幕府において将軍（征夷大将軍《せいいたいしょうぐん》）の側近としてこれを補佐する役職であるが、やがて幕府の裁判を総覧する役職となっていく。この職の初代は義時の父時政、二代目が義時、三代目が泰時で、以後代々北条氏が就任した。

幕府の政治は将軍が行うべきものであると見るならば、執権政治は本来的な在り方を外れた政治体制であるともいえる。その意味で、後世の北条氏の評価は、陰で権力を振るうという、ともすればネガティブなものに流れがちであった。

鎌倉幕府における権力の所在を検討した佐藤進一氏は、幕府の政治体制を、将軍独裁制・執権政治・得宗《とくそう》専制の三段階に区分した（佐藤「鎌倉幕府政治の専制化について」）。ここでの執権政治は、将軍による独裁政治を克服し、東国御家人《ごけにん》の政治的主張（その内容は具体的に説明されているわけではないが）を体現した合議による政治体制であるとされた。

つまり執権政治とは、将軍独裁と得宗専制という二つの異なる専制的な政治体制の間に生じた、合議による政治体制であったというのだ。そしてここでの執権は、幕府御家人をはじめとする武士たちの政治的代弁者として制度的に位置付けられた存在であり、幕府政治の最高権力者であるとされたのである。

鎌倉幕府の政治が独裁と合議の間で揺れ動くものであるとするならば、その原因は何か。この問題について、その当時の政治過程の中枢にいた義時の動向に即して検討するのを本書の課題とする。

今日では、政務の決裁過程やそれに関わる人員の詳細な検討を通じて、専制と合議は必ずしも対立する概念ではないことが論証されている。政治の場において権力を担う個々人の動向だけではなく、彼らがどのような背景を負ってそれぞれの政治の場に参画しているのか、それを具体的に検討することが、鎌倉幕府政治史の研究においても重要視されるようになったといえよう。

本書の副題に用いている「鎌倉殿《かまくらどの》」についても触れておきたい。

鎌倉殿とは、鎌倉幕府の棟梁《とうりょう》（統率者）のことである。幕府の棟梁といえば将軍を想起されると思うが、幕府の歴史において棟梁が現任の将軍ではない時期も少なくない。つまり、統治機構としての鎌倉幕府や、その中心である源氏将軍家は存在していても、将軍在任者がいない場合があるのだ。その場合に、将軍であるかどうかにかかわらず幕府の棟梁を呼称するのに、適宜「鎌倉殿」を用いることとする。鎌倉殿という用語は当時から用いられており、貴族社会の上位に組み込まれた人物として、その居所にちなんだ呼称である。

そして本書では、北条義時の生涯を、彼が生まれる前の京都政界の動向から説き起こし、さらに貴族社会の特徴やそれとの関わりにも適宜触れていくこととする。

武士の社会の中心ともいえる幕府、その中枢に関わった義時のことを語るために、どうして貴族社会のことに言及する必要があるのか、違和感を抱く方もいるかもしれない。これは、鎌倉幕府も京都を中心とする貴族社会の構成要素の一つであり、幕府に属する武士（御家人）たちも、軍事を専門として貴族社会に組み込まれていたからだ。そして、義時が生きた時代の社会の特徴に目を配ることが、義時本人のことを知る上で欠かせないと考える。

北条義時を書名に掲げながら、その本人がなかなか登場しないことをもどかしく思われるかもしれないが、義時に注目した鎌倉幕府の成立とその時代について、ともに考えていただきたいと思う。

目次

はじめに　i

序　章　伊豆国と北条氏……3
時政以前の北条氏／保元の乱と東国武士／信西の躍進／河内源氏の凋落

第一章　流人源頼朝と北条氏……21
流人源頼朝／軍事権門化する平家／後白河院と平家／平家政権の成立／内乱の勃発と関東

第二章　平家追討戦……43
頼朝挙兵／石橋山の敗北／頼朝の関東制圧／「御隔心なきの輩」／内乱の展開／平家追討戦と北条氏

第三章　幕府草創……67
平家滅亡後の対立／義経追跡と北条氏／奥州合戦と頼朝の上洛／征夷大将軍源頼朝／頼朝の晩年

第四章　鎌倉殿源頼家と北条義時……87
後継者頼家／鎌倉殿の十三人／梶原景時失脚／小御所合戦と比企氏滅亡／頼家の失脚

第五章　実朝・政子・義時……109
実朝の将軍就任／平賀朝雅と牧の方／畠山重忠の滅亡／牧氏事件／幕府の再編

第六章　後鳥羽院政期の鎌倉幕府……131
後鳥羽院政と実朝／実朝将軍期の幕府運営／和田合戦／合戦の勝者たち

第七章　承久の乱……153

実朝の後継をめぐって／実朝暗殺／摂家将軍の下向／北条義時追討／幕府の勝利

終　章　新たな公武関係 ……… 177

新たな皇統と幕府／義時の晩年／伊賀氏事件／義時後の幕府

あとがき　199

主要参考文献　204

北条義時略年譜　211

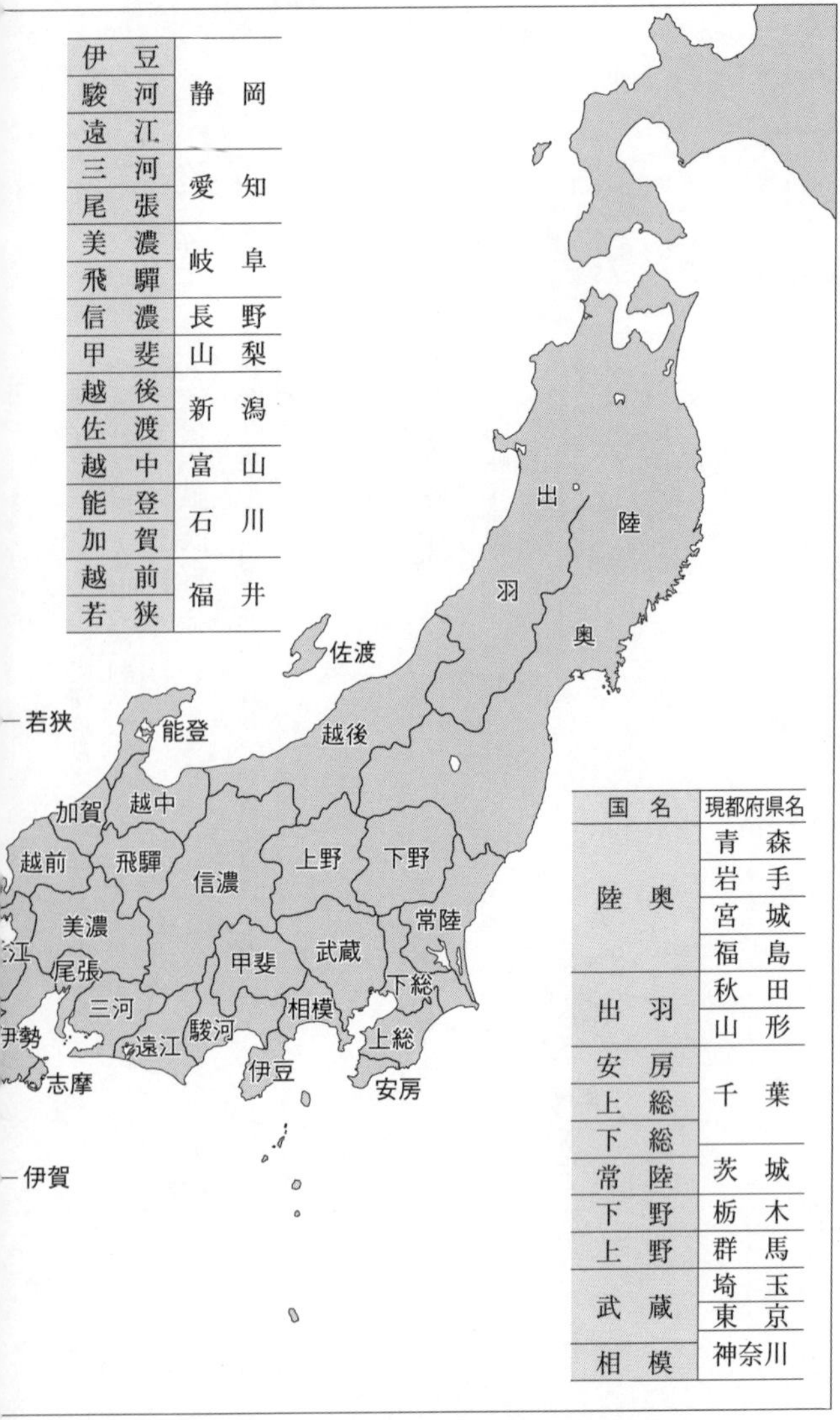

伊豆	静岡
駿河	
遠江	
三河	愛知
尾張	
美濃	岐阜
飛騨	
信濃	長野
甲斐	山梨
越後	新潟
佐渡	
越中	富山
能登	石川
加賀	
越前	福井
若狭	

国名	現都府県名
陸奥	青森
	岩手
	宮城
	福島
出羽	秋田
	山形
安房	千葉
上総	
下総	
常陸	茨城
下野	栃木
上野	群馬
武蔵	埼玉
	東京
相模	神奈川

旧国名地図．国名は『延喜式』による．

筑前	福岡
筑後	
豊前	
豊後	大分
日向	宮崎
大隅	鹿児島
薩摩	
肥後	熊本
肥前	佐賀
壱岐	長崎
対馬	

阿波	徳島
土佐	高知
伊予	愛媛
讃岐	香川
備前	岡山
美作	
備中	
備後	広島
安芸	
周防	山口
長門	
石見	島根
出雲	
隠岐	
伯耆	鳥取
因幡	

近江	滋賀
山城	京都
丹後	
丹波	
但馬	兵庫
播磨	
淡路	
摂津	
和泉	大阪
河内	
大和	奈良
伊賀	三重
伊勢	
志摩	
紀伊	和歌山

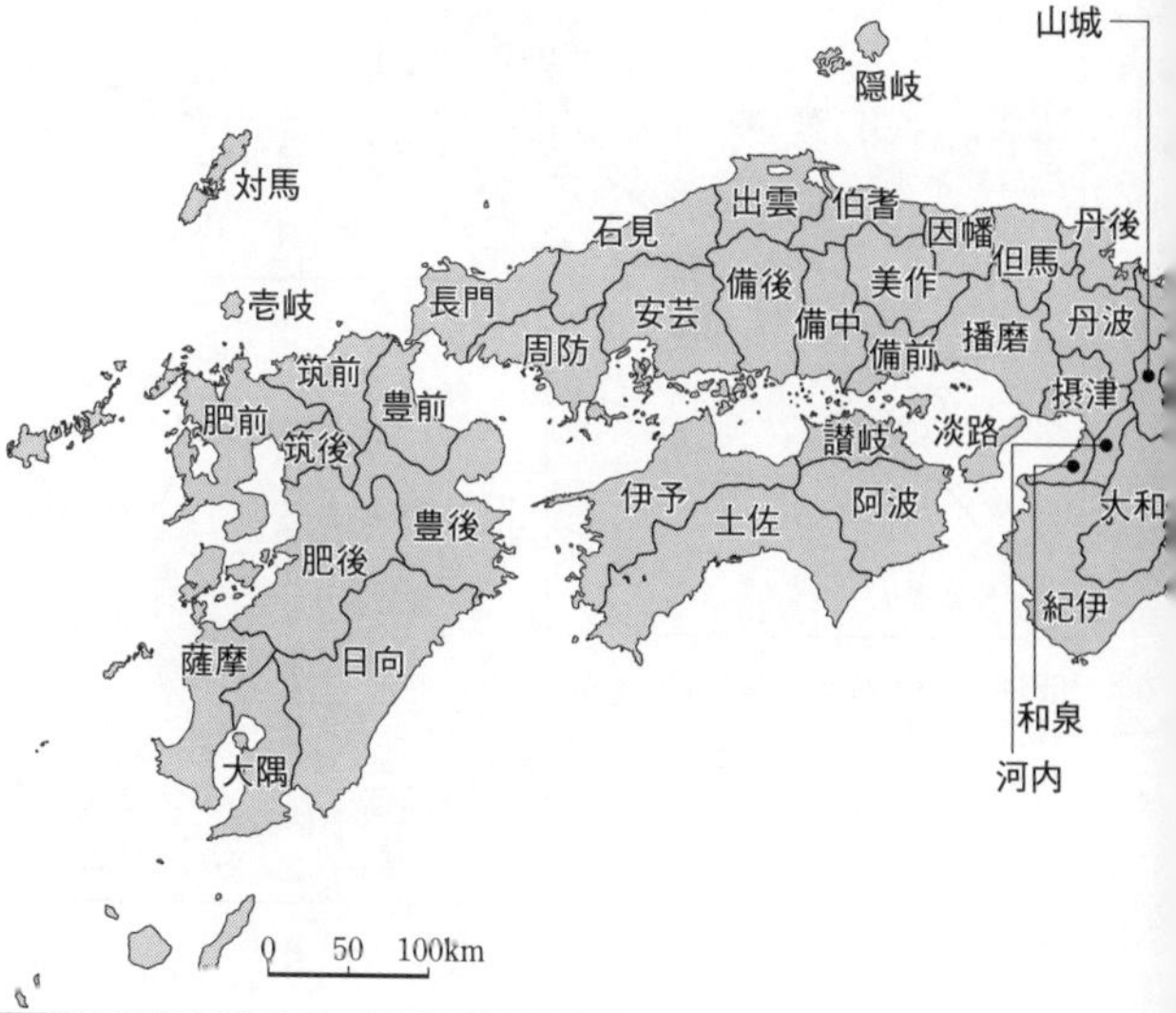

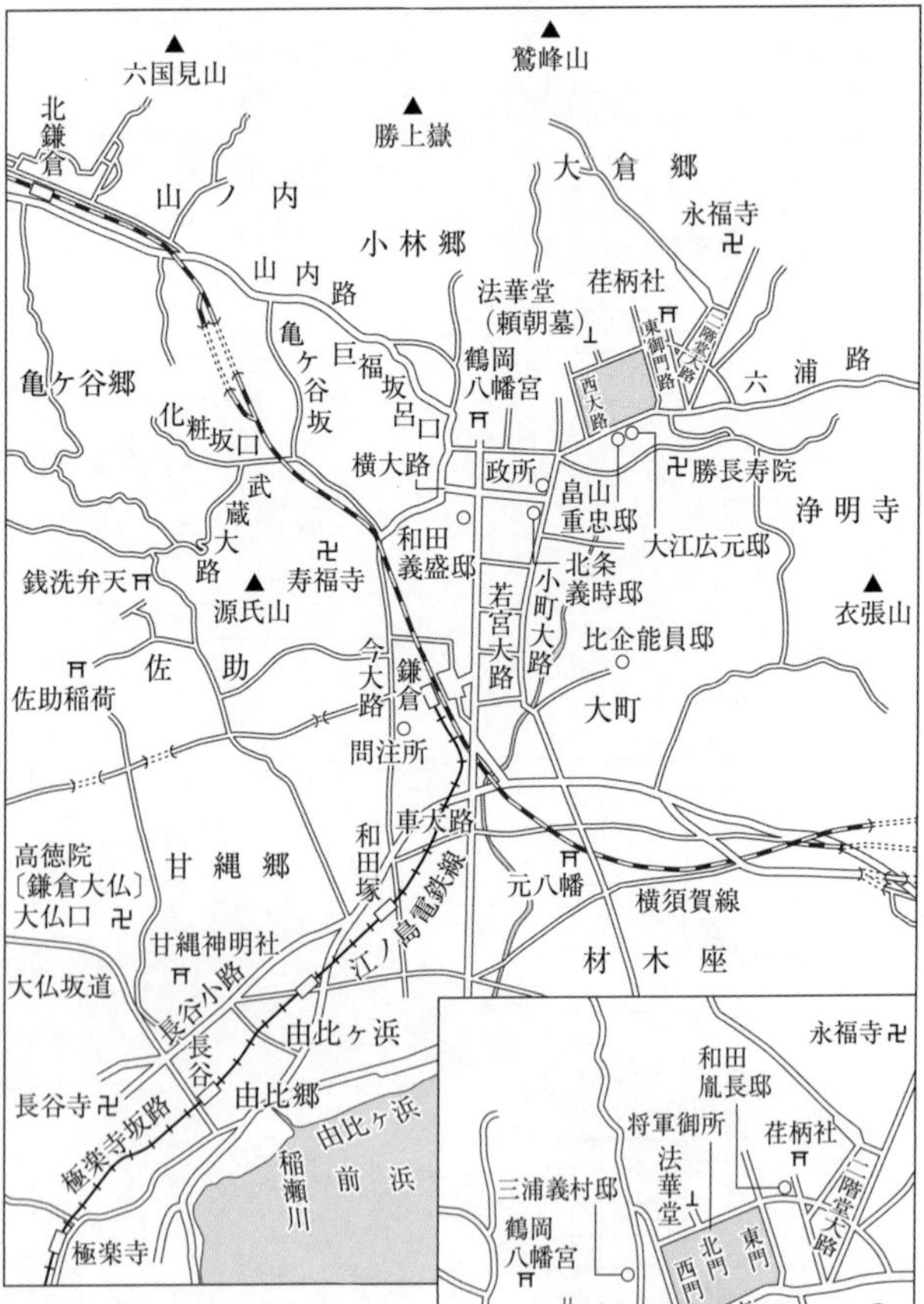

和田合戦時の鎌倉　坂井孝一『源実朝』（講談社）を参考に作成

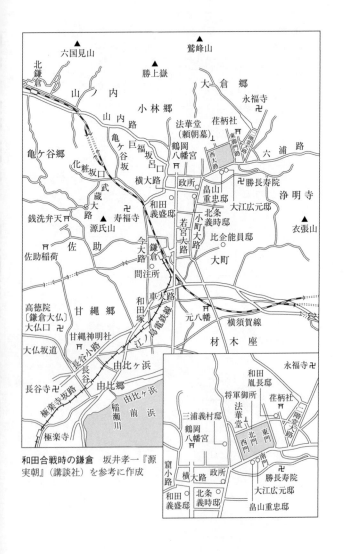

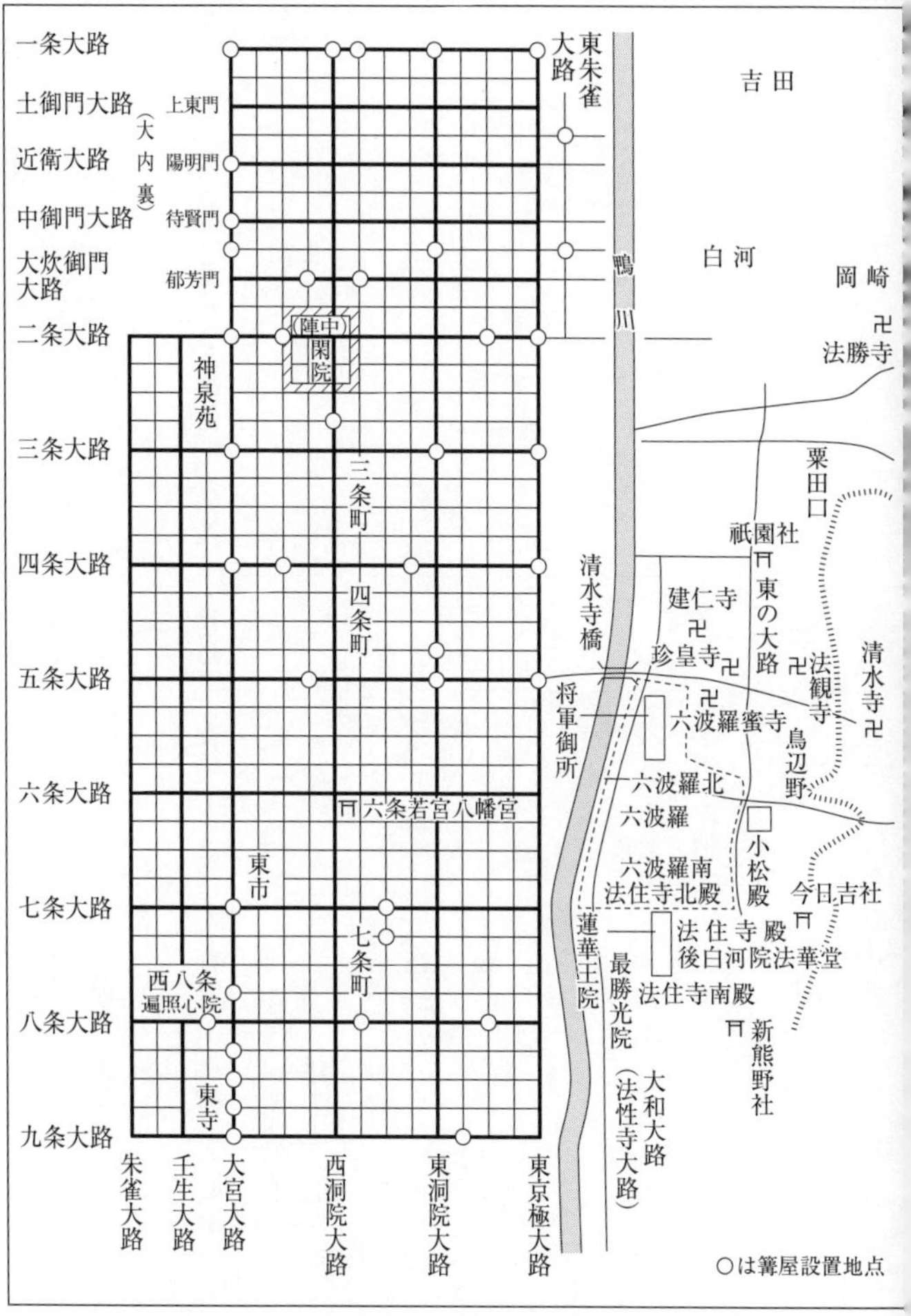

閑院内裏と六波羅御所　野口実「閑院内裏と『武家』」（『古代文化』第59巻第３号）を参考に作成

武門源氏略系図

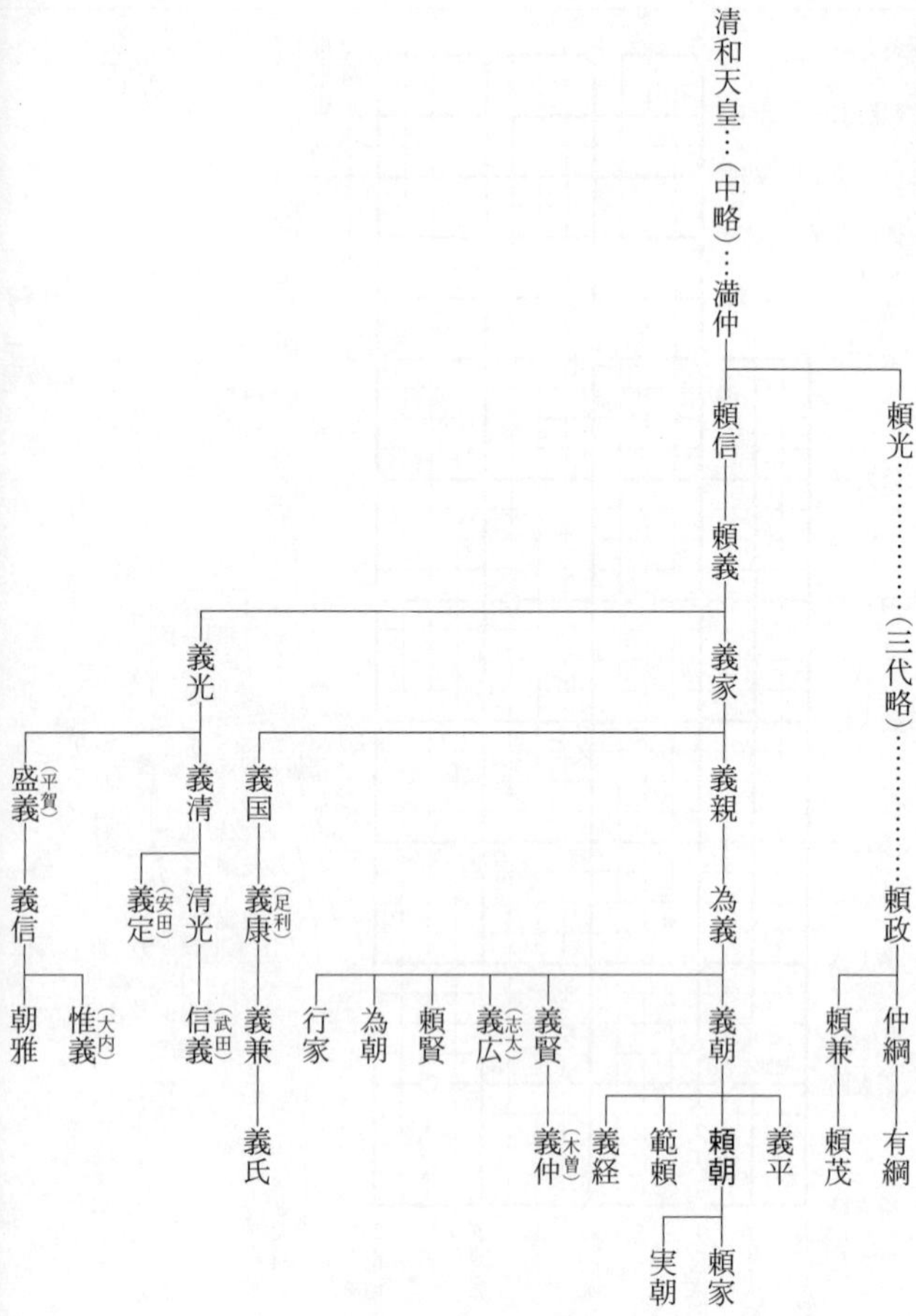
清和天皇……（中略）……満仲
頼光…………（三代略）…………頼政
仲綱
有綱
頼兼
頼茂
頼信
頼義
義家
義親
為義
義朝
義平
頼朝
頼家
実朝
範頼
義経
（木曽）義賢
義仲
（志太）義広
頼賢
為朝
行家
義国
（足利）義康
義兼
義氏
義光
義清
清光
（武田）信義
（安田）義定
（平賀）盛義
義信
（大内）惟義
朝雅

北条氏略系図（数字は執権就任の順序）

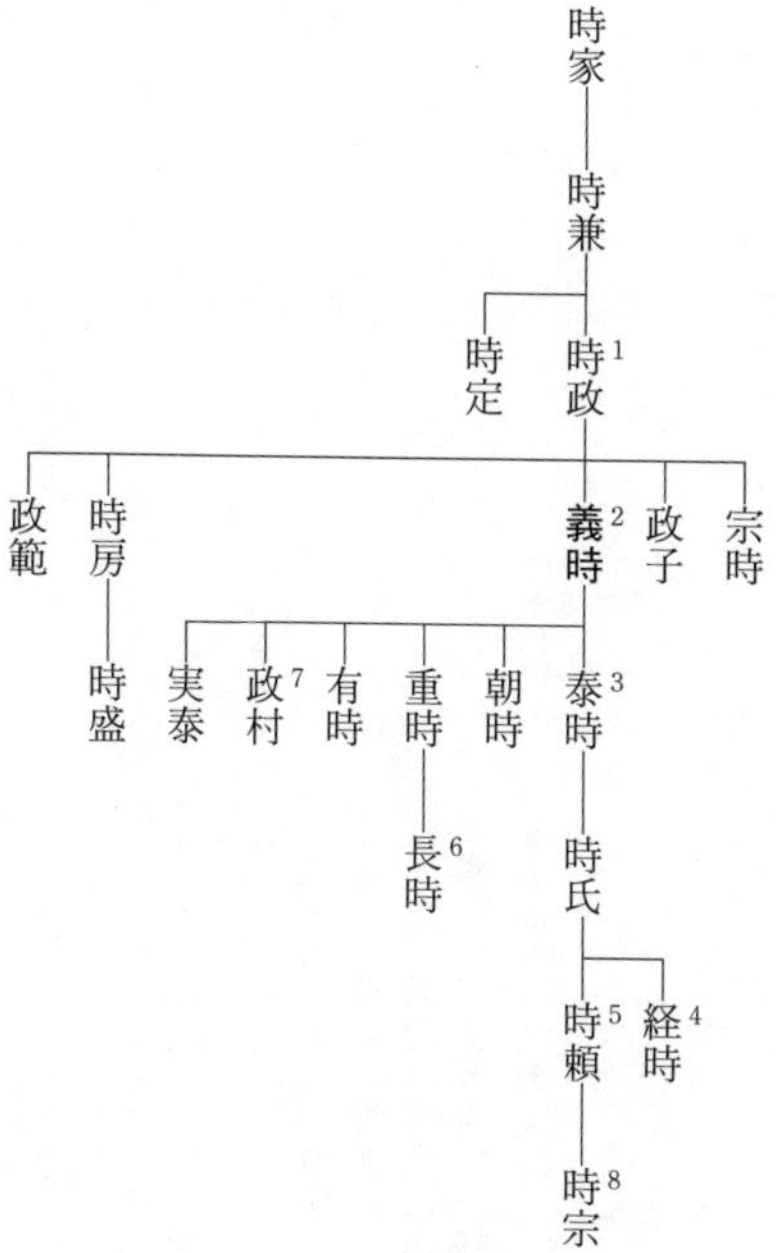

人名の読みは不確定であるものが少なくないが、読者の便宜を考慮し、著者の推測により読みがなを振った場合がある。

また、系図の作成にあたり、系譜（血縁関係）に諸説ある人物に関して、著者独自の判断で特定の説を採用した場合があることをお断りしておく。

北条義時

序章　伊豆国と北条氏

時政以前の北条氏

北条義時の父時政の『吾妻鏡《あずまかがみ》』における初出記事は、平家追討を命ずる以仁王《もちひと》（後白河院《ごしらかわ》の皇子）の令旨《りょうじ》（命令書）が源頼朝にもたらされた場面を描く治承《じしょう》四年（一一八〇）四月二十七日条である。ここに時政のことを「北条四郎時政の主《ぬし》は、当国の豪傑なり。武衛《ぶえい》をもって聟君《むこぎみ》となし、専《もっぱ》ら無二の忠節を顕《あらわ》す」とある。北条時政は伊豆国（静岡県伊豆半島）内の「豪傑」であり、頼朝（武衛）を婿に迎え無二の忠節を尽くしているというのである。

『日本国語大辞典』によると、豪傑という言葉は「才知または武勇の、ひじょうにすぐれているさま。また、その人」「俗に、一風変わった人。また、細事にこだわらない人。度胸のすわった人。豪放な人物」といった意味である。

抜きん出た人物ではあるが、具体的に何が抜きん出ているのかを明示した言葉ではない。言い換えれば、この言葉だけでは、頼朝挙兵当時の時政が伊豆国でどのような地位にあったのかはわからない。

『吾妻鏡』によるこのような表現について、官職を帯びない輩行名《はいこうめい》（出生順を示す通称）の「四郎」で記されており、地域の具体的な役職（荘官《しょうかん》や郷司《ごうじ》など）も記されていないことから、そういった地位も持たない、まさに単なる「豪傑」とされたのであろうという評価もある。

だが野口実氏は、北条氏が伊豆国の在庁官人《ざいちょうかんじん》（国府の現地役人）であったことを殊更《ことさら》に否定するには及ばないとする。鎌倉時代末期に幕府追討を呼びかけた護良《もりよし》親王（後醍醐《ごだいご》天皇の皇子）が、各方面へ発した令旨のなかで北条時政のことを「伊豆国在庁」と称していることや、伊豆守となった吉田《よしだ》経房《つねふさ》と北条時政との交流を伝える『吉口伝《きっくでん》』の記述などが、その裏付けとなるというのである（野口「「京武者《きょうむしゃ》」の東国進出とその本拠地について―大井・品川氏と北条氏を中心に―」）。

また時政の祖父とされる時家《ときいえ》は、平直方《たいらのなおかた》の子孫である「北条介《ほうじょうのすけ》」の婿となったとされる（佐々木紀一「北条時家略伝」）。北条介とは、伊豆国北条（静岡県伊豆の国市）を本拠地としてそれを名字にした介、すなわち最有力の在庁官人のことである。元来、律令制における諸国の介（次官）は、中央で任命されて各国に赴任する官僚であったが、諸国支配の変容により、現地の有力者、すなわち在庁官人のなかの有力者がこれを称するようになっていった。相模国《さがみのくに》（神奈川県の大部分）の三浦介《みうらのすけ》（三浦氏）、下総国《しもうさのくに》（千葉県北部と茨城県の一部）の千《ち》葉介《ばのすけ》（千葉氏）、上総国《かずさのくに》（千葉県中部）の上総介（上総権介《かずさごんのすけ》〔上総氏〕）なども同様である。

この北条介の婿となった時家の孫が時政であるが、野口氏によれば、時家の出身は伊勢《いせ》平氏であるという。平直方の子孫で伊勢平氏の平時家が、伊豆国在庁官人である北条介のもとに婿入りしたというわけである。時家の出身とされる伊勢平氏は、地方の在庁官人を務める武士などよりも格上の京武者と呼ばれる階層に属する。京武者とは、畿内《きない》やその近国《きんごく》に所領を持つ武士のことである。京都の貴族社会に頻繁に出仕することで、四位・五位程度の「諸《しょ》大夫《たいふ》」と呼ばれる身分を有している。諸大夫は貴族の身分を認められているから、京武者というのは貴族の身分を持つ武士たちである。京武者層出身の平時家を婿に迎え入れることで、北条介の家は他の一般的な地方の在庁官人の家よりもその格を相対的に上昇させたと見られる。

律令制の官位秩序によって表現される家格は、位階や官職（合わせて官位という）を維持

桓武平氏略系図

桓武天皇…（四代略）…（平）貞盛┬維将―維時―直方……（中略）……（北条）時家―時兼―時政―義時
　　　　　　　　　　　　　　　└維衡―正度―正衡―正盛―忠盛―清盛

してこそ保つことができる。逆に、それらを維持できないと家格は徐々に低下してしまうのだ。位階や官職を維持するためには、中央（都である京都）に出仕してさまざまな職務を勤《ごん》仕《し》する必要があった。京都およびその周辺に拠点となる所領を持つ京武者は、中央に出仕することも比較的容易であったから、家格を維持したり上昇させるための機会にも恵まれていた。だが、本拠地と京都との間に距離があり、往還に一定の時間や労力を要する一般の地方武士にはこれが困難であったから、彼らは世代交代とともに家格を低下させる傾向にあった。だから京武者層は、地方の在庁官人を務める一般の武士などよりも格上であったのだ。祖先が桓武《かんむ》天皇である桓武平氏といえども、在京活動を維持できる伊勢平氏と、それがままならない東国の桓武平氏諸流（房総半島の千葉氏や上総氏、相模国の三浦氏や鎌倉《かまくら》党、伊豆国の北条氏など）とでは、家格に差が生じてしまうのも無理のないことなのである。

この傾向は伊豆国においてもおそらく例外ではなかったであろう。北条介もそのままでは家格の低下は免れない。どういった事情によるのかは不明だが、京武者層で伊勢平氏出身の時家を婿に迎えることで、家格の維持に一定の効果があったと見られる。

一方、迎え入れられた時家の側も、その詳細な状況はやはり不明だが、出身地である伊勢国やその周辺で何らかの不利な状況（所領争いに敗れるなど）に置かれていたのだとすれば、自らを婿として迎え入れてくれる勢力に協力するのも悪い話ではなかったのかもしれない。

そもそも、紀伊《きい》半島と関東は、太平洋の水運によって結ばれていた。関東に、伊勢神宮や熊野《くまの》社など紀伊半島の権門《けんもん》寺社の荘園が多く見られることは、両地域の盛んな交流を裏付けるものである。伊勢平氏出身の時家が、婿入り前から伊豆国と何らかの繋《つな》がりがあったとしても不思議ではないのである。

さらに野口氏は、西に狩野川《かのがわ》が流れ、東に下田《しもだ》街道が南北に走る水陸交通の要衝に北条氏の名字地（本拠地）があることに着目し、このような伊豆国における重要地点を支配している北条氏が、単なる弱小土豪であったと捉《とら》えるのは誤りであろうとする。

その北条介が伊勢平氏の平時家を婿に迎えたように、他の伊豆国の在庁官人らもまた同様の動きを示していた可能性もあるが、いまのところ一定の裏付けが得られるのは北条氏の事例だけである。ならば、伊勢平氏の婿を迎えた北条介の家が、伊豆国において一頭地を抜いていたと見ても不思議ではない。『吾妻鏡』が北条時政のことを「当国の豪傑」と称する理由について、十二世紀前後の社会情勢を踏まえて検討してみれば、おおよそこういったところになるのだろう。

保元の乱と東国武士

伊豆国の北条氏が源頼朝と出会うそもそものきっかけを、元木泰雄氏の研究をもとに辿《たど》ってみよう（元木『河内源氏《かわちげんじ》』）。

平家が主に京都周辺の西国で活躍したのに対して、源氏は前九年《ぜんくねん》・後三年合戦《ごさんねん》（一〇五一～六二年、一〇八三～八七年）で活躍した頼義《よりよし》・義家《よしいえ》の頃から主に東国で活躍していたと思われがちである。それも間違いではないが、後述するように東国にも平家の家人《けにん》（従者）はいるし、西国で源氏に仕える武士もいるのだ（そもそも頼朝などが輩出した河内源氏は河内国、すなわち畿内に出自を持つ）。

頼義・義家の段階で東国の武士たちとの間に構築した関係は、恩賞や荘園の下司職《げすしき》（現地で実務を行った荘官）をめぐる仲介によるものがほとんどであった。そうした仲介は、恩賞や職を与える側と受ける側が一度結び付けばとくに必要がなくなるものだから、世代交代が進めば仲介者との関係も徐々に疎遠となっていくことが避けられない。河内源氏と東国武士との関係は切れ目なく続いてきたものではないのだ。

また河内源氏自身も、義家の晩年以降には度重なる内紛によって貴族社会での信頼を失い、凋落《ちょうらく》を余儀なくされた。義家亡き後の河内源氏の立て直しに乗り出したのが為義《ためよし》である。

為義は京都とその周辺での治安維持に従事して実績を重ねたほか、子息を列島各地の交通の要衝に配置していった。鎮西《ちんぜい》（九州）の為朝《ためとも》や、紀伊国新宮《しんぐう》の行家《ゆきいえ》（初名は義盛《よしもり》）、そして関東の義朝である。

父為義から関東へ派遣された義朝は、父が仕えていた摂関家の家政機構を利用して勢力の伸張を図った。より具体的にいえば、摂関家領相模国波多野荘《はたののしょう》の波多野氏や同国三崎荘《みさきのしょう》の三浦氏などの協力を得ながら、関東の武士を統合していったのである。平時には貢納物の円滑な収納を促し、いざというときには、彼らを率いて摂関家のために戦うことが期待されたのであろう。

なお、義朝は当初から為義の嫡男として関東へ遣わされたのではない。武士がその地位や家格を維持するには、京都やその周辺で公的活動に従事するなどし続ける必要がある。東国武士の統制を期待された、といえば聞こえは良いが、このことは京都とその周辺で、自らの地位上昇に繋がる活躍の場を得る機会を奪われたに等しい。為義の嫡男は、義朝の弟の義賢《よしかた》であった（こののち、さらに弟の頼賢《よりかた》が嫡男となる）。

父為義によって関東へ遣わされた義朝は、やがてその父から離れていくこととなる。鳥羽《とば》院の死をきっかけとして、後白河天皇を擁する院近臣《いんのきんしん》らと、崇徳院《すとく》（鳥羽院の子で、後白河天皇の同母兄）を引き入れた摂関家によって、政界を二分する争乱となった保元《ほうげん》の乱で、両者は袂《たもと》を分かつこととなるのだ。

王家略系図①（数字は皇位継承の順序）

- 鳥羽 1
  - 崇徳 2
  - 後白河 4
    - 二条 5 ― 六条 6
    - 以仁 ― 北陸宮
    - 高倉 7 ― 安徳 8
  - 近衛 3

義朝が関東で武士たちの統制を進めていく上で有利に働

くことから、院近臣への接近を進めていったのに対して、為義は摂関家との結びつきを維持したのである。中央政界で鳥羽院や院近臣らと摂関家との対立が深まるにつれ、義朝と為義の関係も悪化していった。為義が、義朝に代わって関東へ遣わした義賢は、保元の乱の前年の久寿《きゅうじゅ》二年（一一五五）八月に武蔵国大蔵《むさしのくにおおくら》（埼玉県嵐山町）で義朝の子の義平《よしひら》に討たれている。

挙兵した頼朝が関東を制圧する二十余年前、摂関家、のちには鳥羽院と結んだ義朝はこのようにして東国武士を統合していった。東国の武士たちは互いに切磋琢磨《せっさたくま》し合いつつ自ら統合を果たしたわけではない。京武者出身の格が高い武士のもとに結集し、あるいは圧迫や排除を受けて淘汰《とうた》されながら、統合されていったのである。のちに反平家の武士たちを統合して挙兵した頼朝にとって、かつて父が東国において一定の統合を成功させていたことは、無視できない無形の〝財産〟として引き継がれたに違いない。

鳥羽院が崩じた直後の保元元年（一一五六）七月十一日未明に始まった戦いは、義朝が献策した夜襲の成功もあって後白河天皇を擁する院近臣らの陣営が勝利した。とくに義朝は、天皇の武力、すなわち官軍として戦うのは、この上もない名誉であるとして獅子奮迅《ししふんじん》の働きを見せたのみならず、前線の戦況を刻々と報告するなど、陣営の中心を担った。義朝と対立していた父の為義や弟の為朝らは崇徳・頼長《よりなが》側（頼長は摂関を務めた藤原忠実《ふじわらのただざね》の次男。三二頁の系図参照）として参戦していたため、もし崇徳・頼長側が勝利することになれば、義朝はたとえ戦死を免れたとしても、一族の対立する者たちによって抹殺されてしまうに違いない。多少大げさな言い方をすれば、義朝にとって保元の乱の戦いは、皇統や摂関家の将来を左右することよりも、自らの命を賭《か》けた絶対に負けられない戦いであった。義朝の奮戦にはこのような理由もあったのである。

さらに、すでに当時の京武者の第一人者であった平清盛《きよもり》が、一部を除いて伊勢平氏をまとめ上げて後白河天皇側に付いたことも、その勝利の大きな要因となった。そして勝者側に立ったことで、義朝は河内源氏内部の対立を解消・克服することができたのである。それはおそらく、彼一人の力では克服困難な課題であったはずだ。義朝は名実ともに河内源氏の棟梁となり、伊勢平氏に続く有力な京武者と認知されるようになった。

ところで、この保元の乱で北条氏が義朝に従ったという記録がない。先述のように、この頃の伊豆国は吉田経房が国守《くにのかみ》（国司の長官で受領《ずりょう》ともいう）を務めていた。のちに後白河院近臣となる経房によって、伊豆国在庁官人の北条氏やほかの伊豆国の武士らも動員を受けた可能性が皆無ではないものの、それを裏付ける史料は確認できない。あるいは、東国の武士を広く統合した義朝も、伊豆国にまでは手が回らなかったのかもしれない。

保元の乱の結果、摂関家は事実上解体されて政治的影響力を失い、鳥羽院亡き後の王家（天皇家）もまた政治的求心力を大きく低下させることとなった。政界を取り仕切る存在がいなくなり、政局の流動性も解消されたとは言い難かった。そこに頭角を現したのが、信西《しんぜい》（藤原通憲《みちのり》）とその一門である。平治の乱（平治元年、一一五九）は、この信西一門への反発から引き起こされていくのである。

信西の躍進

信西は、代々学者が輩出する、それほど身分の高くない家の出身であったが、豊かな学識を活《い》かして鳥羽院政期の末期から頭角を現した、比較的新興の院近臣である。後白河天皇の乳母夫《めのと》（乳母《めのと》の夫であり後見役）としてその親政を当初から支えた一方で、東宮《とうぐう》（皇太子）である守仁《もりひと》（二条天皇《にじょう》）の周辺にも側近として子息らを配置していた。来《きた》るべき二条天皇の時代を見据えており、そのための手も打っていたわけである。そしてこのことが、二条親政を望む派閥と後白河院政を望む派閥のそれぞれから反発を受けるのは必定《ひつじょう》であった。

政界の緊張が高まるなか、美福門院《びふくもんいん》（鳥羽天皇の皇后、藤原得子《とくし》）はかねてからの念願であった自らの養子である守仁の即位を信西に要求した。そもそも鳥羽の院近臣として台頭した信西は、美福門院の要求を拒むことができず、保元三年（一一五八）八月四日、「仏と仏との評定《ひょうじょう》」（『兵範記《ひょうはんき》』）すなわち出家者である信西と美福門院の協議により、後白河は上皇（院）となり、守仁は即位して二条天皇となった。

院政の時代に皇位継承者を指名するのは王家家長である院の権限であった。後白河院は、皇子である守仁が即位するまでの〝繋ぎ〟でしかなく、とても王家家長といえる立場にはなかった。

　事前の取り決めがあったとはいえ、このとき皇位継承を決したのは信西と美福門院であった。王家家長の不在という特殊な状況下とはいえ、信西は皇位継承にまで深く関与したといえる。天皇の地位は、名目上すべての官職の上に君臨してその人事権を握っている。だから、天皇の地位を左右し得る者は、国家のすべての人事権を掌握することとなる。人事権の掌握は国政の掌握に繋がるから、天皇の地位を左右する院が主導する政治、すなわち院による政権のことを院政と呼ぶわけである。

鳥羽院の主な子女（数字は皇位継承の順序）

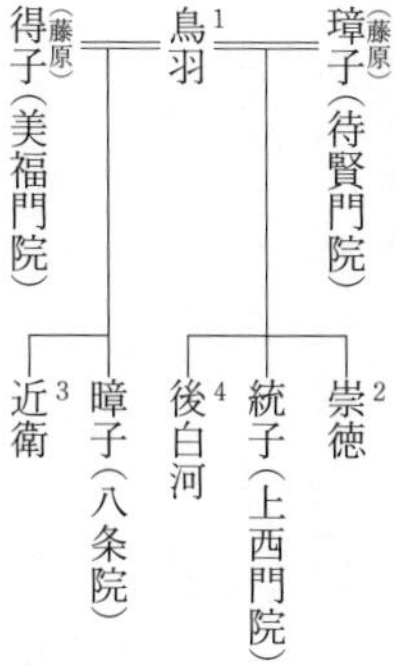

　このとき信西は、美福門院と補完し合う形で皇位継承を決した。信西が主導したこの頃の政治を信西政権と呼ぶならば、その根拠はこの事実に求め得るであろう。

　そして二条への譲位は、後白河院政派と二条親政派の対立と信西一門への反発に拍車をかけた。

　ところで、これ以前の保元四年（一一五九）二月十九日、後白河院の同母姉・統子《とうし》内親王（上西門院《じょうさいもんいん》）の殿上始《てんじょうはじめ》が執り行われた（『山槐記《さんかいき》』同日条）。院号宣下《せんげ》を契機とする家政機関の始動の儀式である。

後白河と統子の母である待賢門院璋子《たいけんもんいんしょうし》は、鳥羽院の祖父である白河院の寵愛《ちょうあい》を得て大きな権勢を誇ったが、のちに彼女と同じく鳥羽院の后《きさき》であった美福門院得子の権勢に押されたまま没していた。当時の京武者の第一人者である平清盛もここに顔を見せている。

そして、若き日の源頼朝（当時十三歳〔数え年。以下同様〕、皇后宮権少進《こうごうぐうごんのしょうじょう》）がこの儀式の初献《しょこん》の献盃を勤仕した。保元の乱の戦いで活躍し、後白河の院近臣としても頭角を現しつつあった源義朝。その嫡男の頼朝もまた、後白河の周辺で将来の院近臣としての道を歩み始めていたのである。

このときの頼朝の直接の上司は、当時十七歳で皇后宮権大進《ごんのたいじょう》の吉田経房であった。これ以前の仁平《にんぴょう》元年（一一五一）に伊豆守に就任したことがある経房も、おそらくこの頃までには先述のように若き日の北条時政とも知己を得ていたと見られる。配流地の伊豆国で頼朝が挙兵したという知らせを、平清盛が福原《ふくはら》（兵庫県神戸市）で聞くのはまだ二一年も後のことである。

さて、後白河は突然皇位を継いだこともあって、自身の素養の面からいってもその立場は不安定であり、近臣の育成においても不利であったから、頼れるのは乳母夫である信西とその一族のみであった。その信西すらも、元はといえば鳥羽院近臣で美福門院とも緊密な関係を有しており、しかも後白河を中継ぎと見なしていた。後白河にとっては、自らの手足となって院政を支える近臣の育成が急務であった。こうしたなか、後白河は藤原信頼《のぶより》を抜擢《ばってき》する。もともと信頼の一族は武蔵・陸奥《むつ》を知行国《ちぎょうこく》（実質的に支配し、経済的収益を獲得できる国）としており、両国と深い繋がりを持つ源義朝とも連携、いやむしろ彼を従属させていた。義朝にとって、武蔵国（東京都・埼玉県のほぼ全域と神奈川県東部）は自らが率いる武士団が多く拠点を構える国であり、陸奥国（福島・宮城・岩手・青森の四県と秋田県の一部）は武具の生産に必要な鷲《わし》の羽根などの供給地であった。また、いずれの国も軍馬の産地としてとくに名高い国であったのだ。この両者の提携関係は保元の乱以前にさかのぼり、義朝の子の義平が義賢を討った久寿二年（一一五五）八月の大蔵合戦においても、武蔵守であった信頼の黙認ないしは支援があったとされる。

このような情勢のなか、平治の乱が勃発《ぼっぱつ》する。それは、政界を牛耳る信西一門に対する反発により、二条親政派と信西一門以外の後白河院政派が大同団結したという面が強い。そしてこの大同団結の中核にいたのが藤原信頼であった。

河内源氏の凋落

平治元年（一一五九）十二月、反信西派がクーデターを起こしたのは、京都周辺で最大の軍事力を誇る平清盛が熊野参詣《さんけい》に赴き、京都に軍事的空白が生まれた隙《すき》を突いてのことであった。

十二月九日の深夜、源義朝を主力とする藤原信頼の軍勢が後白河院の御所となっていた三《さん》条殿《じょうどの》を襲撃する。信西一門は逃亡したが、信頼らは後白河院・上西門院の身柄を確保した。翌十日、信西の子息らが逮捕され、信西自身は山城国田原《やましろのくにたわら》（京都府宇治田原町）まで逃れたが、そこで自害した。信西の追跡に当たった源光保《みつやす》は、信西の首を切って京都に戻り、首は大路を渡され獄門に晒《さら》された。

信西が自害した十四日、内裏《だいり》に二条天皇と後白河院を確保して政権を掌握した信頼は、臨《りん》時除目《じじもく》を行った。この除目（人事）で源義朝は播磨守《はりまのかみ》に、その嫡子の頼朝は右兵衛権佐《うひょうえのごんのすけ》となった。

なお、乱の後に信頼は謀叛人《むほんにん》として処罰されることになるのだが、このとき信頼主導で行われた除目自体は取り消されることがなかった。乱後に解官《げかん》されてしまったものの、頼朝は「前右兵衛権佐《さきのうひょうえのごんのすけ》」の肩書きを有したまま、すなわち普通の地方武士には到底望み得ない経歴を携えて、配流地の伊豆国に赴くことになるのだ。これは、所領や主要な家人すらも失った頼朝が、伊豆国へ持ち込むことができた数少ない、だが極めて重要な、義朝からの遺産であったといえよう。

さて、信西の追い落としにこそ結集した諸勢力の間にも、信頼が政権運営に意欲を示すようになると一気に分裂が表面化していった。とくに二条親政派が、信頼の躍進を快く思わなかったのである。

熊野参詣中であった清盛が帰京すると、京都の軍事バランスは大きく変化した。信西排除に大同団結した諸勢力間の亀裂《きれつ》も徐々に広がっていく。

信西と親交のあった内大臣三条公教《さんじょうきんのり》と二条親政派の藤原惟方《これかた》は、二条天皇を清盛の邸宅のある六波羅《ろくはら》へ移すべく画策する。同月二十五日の夜、惟方が後白河院のもとを訪れて二条天皇の脱出計画を知らせると、後白河院もすぐさま仁和寺《にんなじ》へ脱出した。後白河院の抜擢によって急速な昇進を遂げた信頼であったが、信西殺害後にも後白河院に院政を要請していないことなどから、じつは藤原経宗《つねむね》（二条天皇の外戚）・同惟方らと提携して二条天皇の親政を支持していたと見られる。

密《ひそ》かに内裏を抜け出した二条天皇は六波羅の清盛邸へと向かい、主だった貴族たちも続々とそこに集結した。信頼とは提携関係にあった摂関家の藤原忠通《ただみち》・基実《もとざね》（近衛《このえ》家の祖）父子も参入したことで、たちまちに平家は官軍としての体裁を整えるに至り、ついに信頼・義朝の追討宣旨《せんじ》が下された。

翌二十六日早朝、天皇・上皇の脱出を知った信頼らは激しく動揺した。『愚管抄』には、義朝が信頼を「日本第一の不覚人」と罵倒《ばとう》したとある。源師仲《もろなか》（村上《むらかみ》源氏の貴族）は保身のため三種の神器の一つである内侍所《ないしどころ》の御体《ぎょたい》（神鏡《しんきょう》）を持ち出して逃亡した。

義朝側が戦力として組織できたのは、義朝と個人的に深い関係を有する武士たちを中心とする僅《わず》かな手勢に過ぎなかった。保元の乱では国家による公的な動員により召集された武士も多く味方となったのに対し、今回は隠密裏のクーデターのために集められた必要最小限の武力であり、その後さらに味方の武士の離脱も相次いだ。

それでも義朝は平家の本拠である六波羅に迫るが、六条河原の戦いで敗れ、藤原信頼らも捕らえられた。信頼は三条殿襲撃と信西殺害の首謀者であり、最後まで武装して参戦していたことから戦闘員と見なされ、上級貴族の公卿《くぎょう》身分（三位《さんみ》以上）でありながら処刑された。神鏡を手土産《てみやげ》に六波羅に出頭した源師仲も、下野国《しもつけのくに》への配流が決定した。

敗れた義朝は東国への脱出を図るが、途中で次男の朝長《ともなが》、叔父の義隆《よしたか》を失い、嫡男・頼朝ともはぐれてしまった。尾張国内海荘司《おわりのくにうつみのしょうじ》・長田忠致《おさだただむね》の館までたどり着いたものの、そこまで従ってきた鎌田正家《かまたまさいえ》とともに殺害された。長男の義平もまた、京に潜伏していたところを捕らえられ、六条河原《ろくじょうがわら》で処刑された（その一方で、平賀義信《ひらがよしのぶ》のように東国まで逃れ、のちに頼朝の挙兵に合流したような者もいた）。

義朝とはぐれた頼朝は、平頼盛《よりもり》（清盛の異母弟）の郎等に捕らえられたが、頼盛の母池禅《いけのぜん》尼《に》（清盛の父の後妻）の嘆願で助命された。この背景には、頼朝が上西門院の蔵人《くろうど》（秘書官役）をつとめていたため、上西門院とその近臣の熱田大宮司家《あつただいぐうじ》（義朝の正室、頼朝の母の実家）が、同じく後白河・上西門院と縁の深い池禅尼に働きかけた可能性が考えられる。

また、義朝の側室常盤《ときわ》とその息子たちも捕らえられた。この息子たちは、それぞれのちの阿野全成《あのぜんじょう》、義円《ぎえん》、源義経《よしつね》である。常盤はのちに大蔵卿一条長成《おおくらきょういちじょうながなり》に再嫁する。

義朝の子息たちのなかで戦死した者を除けば、頼朝の助命が認められたほか、常盤とその息子たちは中級貴族のもとで養育されることとなり、頼朝と同母の女きょうだいは一条能保《よしやす》（前出の一条長成とは無関係）の妻となるなど、謀叛人の子息たちとしては比較的穏便な、なんとなれば保護とも受け取れる待遇を得た者が多い。いずれも、熱田大宮司家を通じて、助命の交渉が行われたであろうことは先ほども述べたとおりである。

合戦の終息した十二月二十七日には恩賞の除目が行われ、平家一門の知行国は乱の前の五ヶ国から七ヶ国に増加した。河内源氏をはじめとする他の有力な京武者たちが没落するなか、清盛率いる平家は勝ち残って繁栄を享受するとともに、院近臣らのなかでも卓越した地位を確立した。

また、乱の終息後に後白河院のあからさまな排斥を図った二条親政派の藤原

源頼朝の兄弟

（源）義朝
- 義平
- 朝長
- 頼朝
- 希義
- 範頼
- （阿野）全成
- 義円
- 義経

経宗・惟方も、それぞれ阿波国《あわのくに》と長門国《ながとのくに》へ配流された。信西の首をとった源光保と子の光宗《みつむね》も謀叛の疑いで薩摩《さつま》に配流され、やがて殺害された。彼らはそもそも平治の乱における信西殺害の共犯者でありながら、乱後も平然と政界中枢に居座ったことへの反感が貴族社会にあったと見られる。

このようにして、信西打倒に関わった者は後白河院政派・二条親政派を問わず順次政界から一掃され、平家一門が「一人勝ち」の様相を呈するに至ったのである。

なお平家とは、伊勢平氏の平清盛と高棟《たかむね》王流平氏の時子《ときこ》との婚姻によって生じた家を中心に、親族・家人らの家によって複合的に構成される家のことをとくに指していう。この家を中心にやがて構成される政権を平家政権と称する。

第一章　流人源頼朝と北条氏

流人源頼朝

北条義時と源頼朝との出会いは、平治の乱ののち、頼朝が伊豆国に配流された後と見るのが自然であろう。頼朝は当初、伊豆国の伊東《いとう》（静岡県伊東市）へ配流されたという（坂井孝『曽我物語《そがものがたり》の史的研究』）。当地の武士である伊東祐親《いとうすけちか》は平家の家人である。

頼朝配流当時の伊東祐親の立場を示す記述が『曽我物語』（巻一）に見える。祐親は、武蔵・相模・駿河・伊豆から集まった武士五百余騎の接待役を任ぜられているのである。実際にこうしたことがあったのかどうか裏付けを取ることはできないが、事実そのものでなかったにせよ、このような記述には、祐親が東国における平家家人の要《かなめ》に位置付けられる存在であったことが示唆《しさ》されていると見ることもできる。

東国における平家家人としてはほかに、平家の東国における「御後見《おんうしろみ》」といわれ清盛の私的な郎従と見られる相模国の大庭景親《おおばかげちか》、その景親が一二五間《けん》（約四五メートル）に及ぶ侍廊《さむらいろう》（家人の侍たちの控えの間）を構える松田邸《まつだてい》を平家に造進する際に協力した同国の波多野氏、そして平家と姻戚《いんせき》関係を持つ下総藤原氏の千田親政《ちだちかまさ》一族などが知られる。彼らはそれぞれ東国における平家家人であった。

伊豆国における伊東祐親もそうした平家家人の一員であり、そうであればこそ、流人《るにん》時代の頼朝の身柄を預かっていたのである。近隣の武士のまとめ役と見られるから、流人を引き受ける役としても適任であったのだろう。頼朝は伊豆国で流人生活を送った永暦《えいりゃく》元年（一一六〇）から治承四年（一一八〇）までの時期の大半を、伊東で過ごしたという。そして、頼朝が治承四年の挙兵に際して頼りとする人脈のほとんどが、実は伊東祐親の保護下にいたときに培われた可能性が指摘されている（坂井『曽我物語の史的研究』）。

その後、頼朝は北条氏が支配する伊豆国北条へ移り、そこで生涯の伴侶《はんりょ》となる北条政子と出会うわけである。北条時政の娘で、義時の姉にあたる。

ところで、我々が北条政子と呼ぶこの女性は、頼朝の死から約二〇年後の建保《けんぽ》六年（一二一八）、従三位《じゅさんみ》に叙される際におそらく父時政の名にちなんで付けられた名である。それ以前の名を示す確たる史料がないため、我々は、頼朝がこの女性を何と呼んでいたのかを知らない（出会った頃から「政子」であったのかもしれないが、それを裏付ける史料がない。裏付ける史料がない以上、不明とせざるを得ないのである）。

また、伊豆国在庁官人であった北条時政は、統子内親王（後白河の姉）の皇后宮職で頼朝の上司にあたり後白河院近臣である吉田経房と旧知の関係であった（森幸夫「伊豆守吉田経房と在庁官人北条時政」）。吉田経房という共通の知人がいたにせよ、伊豆国配流前の頼朝と時政が互いに顔見知りであった可能性は低いと考えられるが、いずれにせよ、頼朝にとって伊豆国は、縁もゆかりもない土地だった、というわけでもないのだ。しかも、一〇日ごとに音信（便り）を通じて京都の様子などを知らせてくれた下級貴族の三善康信《みよしやすのぶ》や、武蔵国比企《ひき》郡を請所《うけしょ》（経済基盤）として頼朝の生活を支援しつつ婿の藤九郎盛長《とうくろうもりなが》（のちの安達《あだち》盛長）を遣わした比企尼《ひきのあま》など、頼朝を支える人々もいた。

なお、この吉田経房は、頼朝が伊豆国で挙兵する治承四年（一一八〇）当時には安房国《あわのくに》（千葉県南部）の知行国主を務めていた。伊豆国で挙兵し、いったん平家方に敗れてから再起を期すために頼朝が渡ったのが安房国であった。

伊豆国は平治の乱の直前に京武者の源頼政《よりまさ》が伊豆守となり、以後は頼政が国守あるいは知行国主（その国の経済的収益を獲得できる権利を持ち、国守を推挙できた）を務めた。伊豆国在庁官人であった北条氏は、その頼政のもとで国務運営を支えたものと見られる。

頼政は、他の貴族たちの反発を抑えた平清盛の推挙によって治承二年（一一七八）に従三位に昇進した。それまでの諸大夫身分（四位および五位）を脱し、上級貴族たる公卿身分に到達したのだ。頼政は、かくも平家から信頼される京武者であった。北条氏はこの頼政に仕えていたわけであり、平家家人ではないものの、伊豆国で安定した地位を維持していたものと考えてよかろう。

軍事権門化する平家

頼朝が伊豆国で流人としての生活を送っていた一方、京都では清盛率いる平家が京武者の第一の地位を確立していた。

京武者とは、先述のとおり京都の周辺や畿内およびその近国に所領を持ち、そこを基盤に京都を中心とする地域での活動を行う武士たちのことである。京都を中心とする地域での活動とは、自らの所領経営はもちろんのこと、所領を預けられた荘園領主への奉仕や、公権力から命じられた治安維持活動などであった。

公権力から治安維持を命じられていたことなどをもって、武士を貴族社会の走狗《そうく》であると捉え、ともすると当の武士たち自身もそのことに忸怩《じくじ》たる思いを抱えて葛藤《かっとう》していたように劇作品などでは描かれることもあるが、そう単純ではない。

まず武士たち自身が貴族社会に組み込まれた職能集団であり、彼らはその技能でもって社会に参画していたのだ。身分における上下関係から差別を受けることはあっても、その職能ゆえに自らを卑下し、葛藤していたとするような記録は、寡聞《かぶん》にして知らない。

京武者はそんな武士のなかでも比較的身分が高い階層であった。位階五位以上を貴族とする社会において、京武者の多くはその階層に到達していたか、将来到達することを期待することができた。つまり、武士でありなおかつ貴族身分も認められた階層なのだ。平家は、保元・平治の乱を勝ち抜くことで、この地位をさらに盤石なものとしたのである。

一般的な京武者は位階では五位程度までしか昇進を期待できないなか、平治の乱の後の永暦元年（一一六〇）六月、平清盛は正三位《しょうさんみ》に昇進し、上級貴族への仲間入りを果たした。これ以前の位階は正四位下で、通常は叙されない正四位上はともかく、公卿身分の入口である従三位をも超越した二階級特進といえる異例の昇進であった。棟梁の義朝が討たれ、嫡男の頼朝が流罪となって壊滅した河内源氏を尻目《しりめ》に、清盛率いる伊勢平氏は京武者の第一人者として、政界でもその重要性を高めていくのである。

保元・平治の乱の結果、二条天皇の親政が本格的に開始されることとなった。しかしその実父である後白河院もまた、隠然たる影響力を保ち続けた。清盛率いる平家も二条親政の安定に尽力するが、その一方で、一門内に後白河院への接近を図る者がいるなど、必ずしも一枚岩というわけではなかった。そんな不安定な政界のなかで、清盛のリーダーシップに期待が集まる状況が醸成されていく。

やがて二条天皇が二十三歳の若さで崩じ、その跡を幼い六条《ろくじょう》天皇が継ぐと、皇位継承をめぐって政局が動き始める。後白河院は、平家出身の寵姫《ちょうき》である滋子《しげこ》（建春門院《けんしゅんもんいん》）との間に儲《もう》けた憲仁《のりひと》親王を皇太子に立てた。憲仁を即位させて院政を開始すれば平家との提携も可能となる。平家にとっても悪い話ではない。ここに、平家を率いる清盛が、後白河院と提携する理由がある。果たして仁安《にんあん》三年（一一六八）二月、六条天皇は五歳で退位し、八歳の憲仁親王が即位した。高倉《たかくら》天皇である。

これに先立つ仁安二年には、清盛は太政大臣《だじょうだいじん》に任ぜられ、清盛の嫡男の重盛《しげもり》に国家的軍事・警察権が付与された。

国家的軍事・警察権は、平家に諸国の海賊・山賊の追討を命ずるという形で発令された。この当時、具体的な海賊や山賊の発生およびその対処が議論されたという状況は確認できないから、それはつまり、これらの事案が発生したときには平家が対処するよう定められたということである。平家が恒常的に諸国の治安維持に当たることを命じられた、すなわち、国家的軍事・警察権を付与されたものと評価されるのである（五味文彦「平氏軍制の諸段階」）。

平家は、清盛の祖父正盛《まさもり》以来の賊徒追討などによる実績に加え、保元・平治の乱によって他の有力な京武者が一掃されたことで、結果的に、最大の軍事力を持つ京武者として生き残った。さらに貴族社会においても有力な院近臣として一定の地位を確保するに至り、国家的な軍事・警察権を担う最大の軍事貴族となった。

国家的な軍事・警察権は、諸国守護権とも呼ばれる。軍事貴族である平家にとって、国家的軍事・警察権は一族のアイデンティティともいうべき権限である。これが重盛のもとへ継承され、それが公認されたということは、重盛が清盛の後継者となったことが公認されたわけである。

この二十数年後、内乱を鎮めた頼朝に、このときの重盛と同様の権限が公認された。それは鎌倉幕府成立の画期とされる（上横手雅敬「建久元年の歴史的意義」）。頼朝の跡を継ぐ頼家も、この権限を朝廷から公認されることで、その後継者であることが示された（八五頁参照）。国家的軍事・警察権（諸国守護権）は、軍事貴族である平家や鎌倉幕府にとって、最も基本的なアイデンティティなのだ。

院政期においては、専門的な職能を持つ家が国家的な役割を分担し合いながら、国家権力を形成していた。国家的な役割とは天皇への奉仕であり、通常ならば私的な活動も、その目的が天皇への奉仕であれば、それは国家的な役割を担うことを意味した。

平家の軍事力は私的な武力だが、天皇のための治安維持に用いるならば、それは国家的軍事・警察権の行使ということになる。このように、国家的な役割を分担する家のことを権門と呼び、平家や鎌倉幕府は国家的軍事・警察権を担う軍事権門であった。同様に、天皇の政務運営を補佐する家（摂関家をはじめとする貴族の家）や、天皇の安全や世の安寧を祈禱《きとう》する寺社も、それぞれの役割に即した権門であった。

これらさまざまな権門が国家的な役割を分担し合う、院政期に特有の国家体制を、「権門体制」と呼ぶ（黒田俊雄「中世の国家と天皇」）。「権門体制」は学校教育で取り上げられる機会が少ないため、一般読者には馴染《なじ》みが薄いかもしれないが、院政期をはじめとする中世前期の日本社会の仕組みを理解するための概念である。

「権門体制」においては、院や軍事権門、および寺社勢力などさまざまな権門が、個別の政治過程においては互いに矛盾や対立を抱えながらも、全体としては他を圧倒することなく共存し、相互補完の関係を維持しつつ国家機構を形成している。そしてそれらの権門に国家的な正当性を与えるのは、在位中の天皇であった。

ところで、清盛が任命された太政大臣は、律令官職の最高位であるとはいえ、この時代には政務運営の実質を伴わない官職となっていた。天皇が元服する際の加冠役《かかんやく》を務めるため、摂政がこれに就任することとなっていたが、清盛の就任にそういった具体的な意味はない。清盛の太政大臣就任をもって平家政権の成立とするのは誤りである。

とはいえ、後白河院政を高倉天皇の外戚として支え、国家的軍事・警察権を掌握した平家が国政上の地位を飛躍的に高めたことに違いはない。国家的軍事・警察権を委《ゆだ》ねられたということは、平家が畿内をはじめとする諸国の武士を統率して王権守護に当たること、つまり名実ともに武士の棟梁として公認されたことを示す。近年、平家政権と鎌倉幕府とを具体的事例に即して比較し、それぞれの権力構造の特徴を論ずる研究が進んでいる（髙橋昌明『平家と六波羅幕府』）。平家が鎌倉幕府に先行する権力であるとするならば、それはこの国家的軍事・警察権の掌握においてであったといえよう。

平家の姻戚関係（数字は皇位継承の順序）

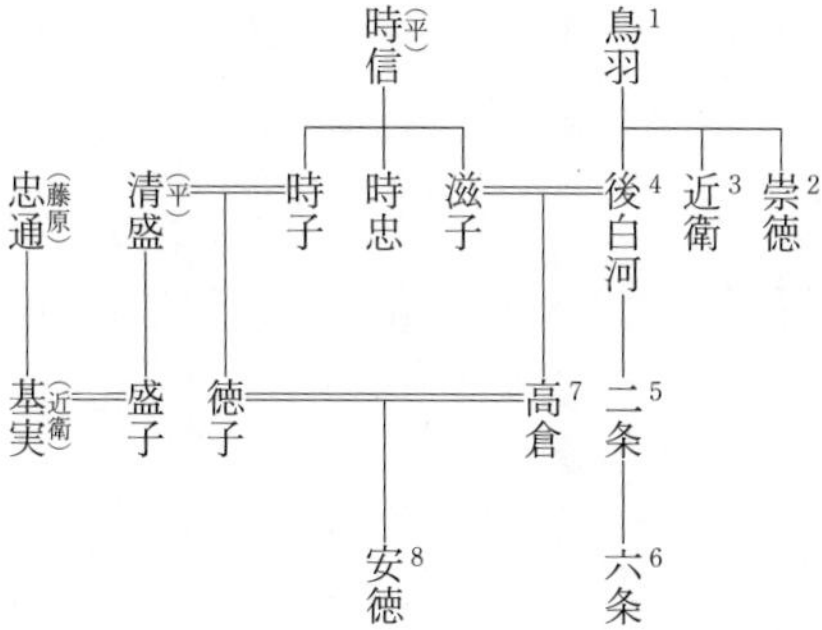

後白河院と平家

平家と後白河院との提携関係は、ともに高倉天皇を後見するという限りにおいて良好であった。しかしそこに不安定要因、すなわち高倉天皇の次の天皇をめぐる問題や、平家一門のなかで後白河院に親近感を抱く人々の存在などが伏在する以上、つねに微妙なバランスの上に成り立つものであった。その微妙なバランスの重要な担い手は滋子であった。清盛の妻時子の妹、後白河院の妻、高倉天皇の母である。滋子は平家と後白河院の両者を結び付ける人物であるだけでなく、後白河院が不在の際には政務の決裁に関与するなど、政務運営を補完する存在でもあった。また、同時代の女性たちからもその美貌《びぼう》とすぐれた人柄を讃《たた》えられる人物でもあった（『たまきはる（建春門院中納言《ちゅうなごん》日記）』、『建礼門院右京大夫《うきょうのだいぶ》集』）。

だが安元《あんげん》二年（一一七六）七月に滋子が三十五歳の若さで亡くなると、それを境に平家と後白河院との関係は急速に悪化していった。

彼女の死から一年に満たない安元三年六月には、後白河院の近臣らが、院の命令による比《ひ》叡山延暦寺《えいざんえんりゃくじ》への攻撃を装いつつ「入道相国《にゅうどうしょうこく》を危《あや》ぶむべきの由、法皇および近臣ら、謀議せしむるの由」（『玉葉《ぎょくよう》』同月十日条）、すなわち清盛（入道相国）の殺害を謀ったとされる陰謀が明らかになった（鹿ヶ谷《ししがたに》事件）。事件に関与した院近臣は清盛によって拘束され、処分された。この事件により後白河院は有力な近臣を失い、政治的地位の低下を余儀なくされたが、清盛もさすがに後白河院に対して罪は問わなかった。当時は院政が常態化しており、後白河院に代わって院政を行うことができる上皇は誰《だれ》もいなかったからである。院近臣は清盛の嫡男重盛にも接近を図り、平家一門が分裂する危険もあった。この事件により、平家と後白河院の信頼関係は崩れ去ったと見てよいが、清盛も当面は後白河院政を維持せざるを得なかったのである。

この妥協的な関係は、治承二年（一一七八）十一月、高倉天皇と徳子《とくこ》（清盛の娘）との間に皇子が生まれたことで一変する。翌月にはこの皇子に親王宣下が行われ「言仁《ときひと》」と命名された。のちの安徳《あんとく》天皇である。直後には皇太子に指名されて、将来の即位が約束されることとなった。高倉天皇を退位させた上でその院政を開始し、高倉上皇―安徳天皇による平家系の皇統を確立する目処《めど》が立ったのである。これにより、清盛はいつでも後白河院との提携関係を解消することができるようになった。

ところで、明けて治承三年（一一七九）正月十二日、清盛は翌日に予定されていた駿河国富士山への出立《しゅったつ》をとりやめた。かわりに息子の知盛《とももり》を代官として派遣するとしたが、結局はそれも中止となった（『山槐記』同日条）。

平家略系図

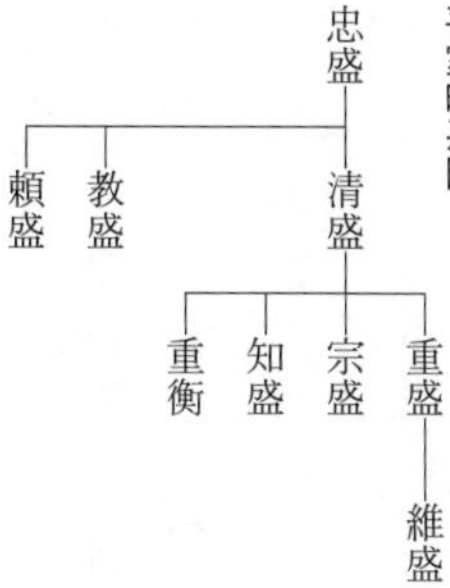

この清盛による富士参詣の計画は、中止されたこともあって、その目的もはっきりしない。しかし野口実氏によると、清盛が直接現地に下向することで、東海・関東の武士たちを平家家人として再編成することを企図していたのではないかという（野口「平清盛と東国武士―富士・鹿島社参詣計画を中心に―」）。

平家軍制の中核を担っていた清盛嫡男の重盛が、清盛と後白河院との関係悪化から平家一門内での地位を低下させると、新

摂関家略系図

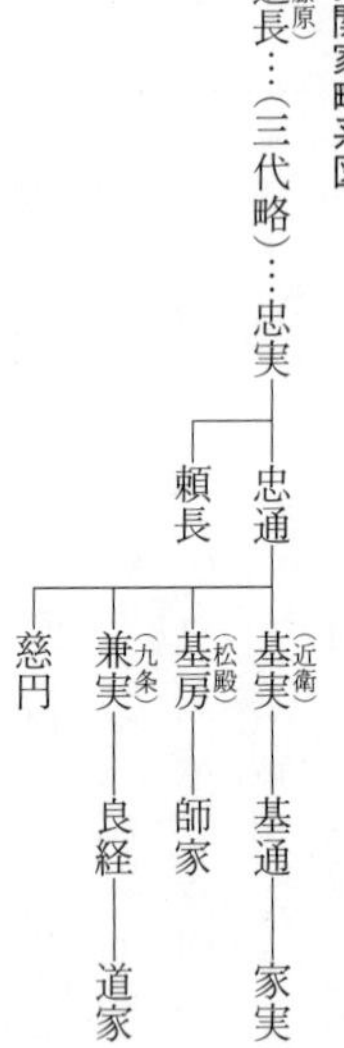

たな軍事編成の必要に迫られた清盛と子息宗盛《むねもり》らが、東海・関東の武士たちを再編成しようとしたとしても不思議ではない。しかしこの計画は実行に移されることなく、こののち激変する政局によって忘れ去られたのか、東海・関東の武士の再編成はうやむやとなったようである。

なお、この問題を棚上げにし、とくに関東の平家家人の一元的統制を進めなかったことで、治承《じしょう》・寿永《じゅえい》内乱勃発直後に平家がこの地域をあっという間に手放すことになる。もちろん、この時点でそのような結果を予見することはほとんど不可能であっただろうが。

鹿ヶ谷事件の後、重盛は体調を崩しており、この年には内大臣を辞する。また、清盛の娘で近衛基実（藤原忠通の子）の後家として摂関家の家長代行の地位にあった盛子《もりこ》も同年六月に没した。この盛子の後見として清盛が摂関家（近衛家）の膨大な所領を管理しており、それは平家の重要な経済基盤となっていたのだが、問題は、盛子が没したことによってこの所領を後白河院が取り上げてしまい、自らの息がかかった松殿基房《まつどのもとふさ》（近衛基実の弟）に与えようとしたことである。平家の経済基盤を奪おうというわけだ。

さらに七月に重盛が亡くなると、彼が知行していた越前国《えちぜんのくに》も後白河院が没収してしまう。後白河院にとって重盛は自らの近臣でもあったのだから、後白河院の理屈ではそれを回収して別の近臣に与えようとしただけだということになるのかもしれない。だが、平家にとってはまぎれもなく一門の知行国である。そのなかでも豊かな越前国を失うことは、容認できるものではなかった。

後白河院の攻勢はさらに続き、松殿基房の子師家《もろいえ》を僅か八歳にして権中納言《ごんのちゅうなごん》に任じた。その前年に左近衛中将《さこんえのちゅうじょう》となっていた師家は、これで「中納言中将」の地位を得たのである。この中納言中将は、摂関家嫡流の者にのみ許された特権的な地位であった。されにこれによって、清盛の娘（完子《かんし》）を妻に迎えていた同じく摂関家の近衛基通《もとみち》（基実の長男）の地位を超越してしまった。清盛が支援するほうの摂関家の後継者に対抗するように、別の摂関家を大いに引き立てたというわけである。当然のことだが清盛にとって面白いはずがない。

摂関家領の管理問題、重盛知行だった越前国の取り扱い、摂関家内部の競合関係をめぐる問題。いずれも平家の存立に大きく関わる問題なのだが、後白河院はそのすべてで平家を圧迫した。ここに至って清盛は、後白河院との決別とその無力化を図り、隠居していた摂津国《せっつのくに》福原から大軍を率いて京都へ入った。治承三年政変である。

平家政権の成立

清盛は関白松殿基房、権中納言松殿師家の父子をただちに罷免《ひめん》したほか、藤原師長《もろなが》（保元の乱で敗死した頼長の子）など後白河院に近く、反平家的とされた三九名に及ぶ公卿・院近臣をすべて解任し、代わって親平家的な貴族たちを任命するという処置を断行した。

そして後白河院は住み慣れた法住寺《ほうじゅうじ》南殿《みなみどの》から洛南《らくなん》の鳥羽殿に連行され、幽閉の身となった。ここに後白河院政は全く停止されたのである。後白河院は鳥羽殿で厳しい監視下に置かれ、僅かな側近や女房二、三人以外の参入は一切禁じられた。

後白河院との提携関係が継続していた頃には、平家一門内部にも重盛の小松《こまつ》家や清盛弟の教盛《のりもり》など、後白河院に近い立場の者が増えていた。だが平家が後白河院との対立を深めるにしたがい、彼らは平家一門分裂の火種となりつつあったのだ。少なくとも清盛には、そのことに対する危機感が募っていたようである。

これらの処置を断行した清盛は、事後処理と今後の政権運営を子息宗盛や女婿の近衛基通らに委ねて福原へ帰還した。清盛の役割は、圧倒的な武力により政権を奪取するところまでであったし、それは本人が最もよく認識していたであろう。清盛は自らが政権を主導することに意欲を示したわけではなかったのだ。

そもそもこのクーデターは、ことの発端が後白河院の挑発であったため、院政停止後の政権構想がしっかりと準備されていたとはいえなかった。しかも、もともとは武芸でもって仕える武士出身の院近臣であったのが、急激な昇進や家格の上昇によって現在の地位を築いた平家には、議政官《ぎせいかん》（現代における閣僚のような地位）として充分に活躍できる人材を育成するだけの儀式・先例のノウハウの蓄積や、その訓練のための時間的余裕もなかった（松薗斉「武家平氏の公卿化について」）。これでは、安定的な政務運営など望むべくもない。また後白河院政を停止してはみたものの、代わって政権中枢を担うこととなった高倉天皇・近衛基通・平宗盛の三人は、いずれも政治的経験が乏しかった。清盛個人の政権運営に関する意欲はともかく、重要局面においては結局、清盛が表に出てこざるを得なかったのである。以後も清盛が平家の総帥として君臨し続ける。

また、政権の内実はともかく、それが平家の圧倒的な武力を背景に打ち立てられたものであることに違いはない。武力によって打ち立てられた政権は正統性を著しく欠くものとされ、武力で対抗し打倒すべきものと認識されるため、いずれは政権に対する武力攻撃の危険に晒されることとなる。それは間もなく、以仁王の挙兵と、それに続く治承・寿永内乱によって現実のものとなるのだ。

とはいえ、この政変によって平家が政権中枢を掌握したことは事実であり、ここに平家政権が成立したといえよう。貴族社会のなかで成長を遂げた武士出身の院近臣（平家）が、姻戚関係などを利用しながら、皇位継承者選定権、すなわち天皇に対する人事権を掌握し、自らの意のままになる王権を擁立して従来の院政と同様の政権を樹立した。これが治承三年政変であった。

政変の余韻《よいん》冷めやらぬ治承三年（一一七九）十二月十六日、東宮・言仁が清盛の西八条《にしはちじょう》邸《てい》への行啓（皇后や皇太子らの外出）を行った。辻《つじ》ごとに武装した武士を配置し、要所には合わせて六百余騎の武士が警護を務めた。正統な王者は万民の支持を集めるため、武力による襲撃を殊更に恐れる必要はない。物々しい雰囲気のなか行われた行啓は、圧倒的な武力によって反対派を抑圧して擁立されたこの東宮が、むしろ正統性に欠ける存在ではないか、と思わせるものではなかったか。

この直後の治承四年二月二十一日、高倉天皇は退位し、藤原邦綱《くにつな》（清盛の信任厚い貴族）の五条邸においてその言仁が践祚《せんそ》した（中世においては皇位を継承することを践祚といい、それを内外に示すことを即位といって区別していた）。安徳天皇である。これにより、清盛は天皇の外戚の地位を得ることとなった。名目上は高倉上皇の院政であったが、平家の傀儡《かいらい》であることは誰の目にも明らかだった。しかもそれは、武力により確立され、武力により厳重に警備されねばならない政権であったのだ。

先述のように、武力によって打ち立てられた政権は、正統性を欠く権力として武力による攻撃に晒されることとなる。それでなくとも、治天《ちてん》（院政を行う上皇）であった後白河院を幽閉して政治の実権を握ったことが、反平家勢力の反発を招くのは必至であった。平家の独裁に対して反抗の第一波となったのは、後白河院の第三皇子である以仁王の挙兵だった。

内乱の勃発と関東

以仁王は後白河院の皇子であったが、八条院《はちじょういん》の猶子《ゆうし》（擬制的な子）となった。八条院（暲《しょう》子《し》内親王）は鳥羽院の皇女で、母は美福門院である（一三頁の系図参照）。膨大な王家領荘園を相続しながらも後白河院と平家の世にあって傍流扱いされていたが、以仁王はその後継者とされていた。だが、そのことは以仁王が平家の擁する高倉−安徳の皇統に対抗し得る潜在的な皇位継承候補者であったということでもあり、そのため彼を警戒したという建春門院の妨害によって、元服の機も逸したままという不安定な境遇に置かれていた。

八条院の猶子となって即位の機会を窺《うかが》っていた以仁王であったが、治承三年政変と安徳の即位により、それも絶望的なものとなった。追い込まれた以仁王は武力による皇位の奪取を図り、ついに挙兵を決意する。

治承四年（一一八〇）四月、以仁王は令旨を全国の武士に発し、平家追討の挙兵を促した。以仁王の令旨は八条院蔵人となった源行家（義朝の弟で頼朝・義経らの叔父にあたる）によって全国の武士たちにもたらされた。これ以後、行家は各地で反平家の武力蜂起《ほうき》を仕掛け、それらを組織していくこととなる。

以仁王の挙兵は、彼が非正統と疑う王権（安徳天皇とそれを支援する平家）への挑戦であった。『吾妻鏡』によれば、令旨が発せられたのは四月九日、それが伊豆国の源頼朝のもとへもたらされたのは四月二十七日であった。挙兵の意図の大要は『吾妻鏡』所収の以仁王令旨に見えるが、そこには平家が仏法を破滅へ導く存在であり、以仁王はそれを阻止するために挙兵すると謳《うた》われている。ここには平家と軋轢《あつれき》を生じていた権門寺院（園城寺《おんじょうじ》や興福寺《こうふくじ》など）を積極的に味方に引き入れ、平家に対抗せんとする意図が示されているといえよう。これら権門寺院と平家とは深刻な政治的対立を生じており、王法仏法相依《そうい》思想（王法＝朝廷を主導する天皇と、仏法＝宗教勢力は互いに寄り添い支え合って国を治めていくという思想）に基づいて、平家の擁する王権を批判・否定しにかかったというわけだ（田中文英『平氏政権の研究』）。

以仁王がまず動員を試みたのは、八条院領荘園を預かる武士たちであった。『平家物語』では以仁王に挙兵を勧めたとされる源頼政も、実際にはこの八条院との繋がりで以仁王からの動員に応じたと見られるし、そのほかにも八条院と関わりのある武士（下河辺《しもこうべ》行義《ゆきよし》、源仲《なか》家《いえ》ら）が多数参戦している。ここに、平家に反発する園城寺、興福寺も同調したのである。

源頼政が以仁王の謀叛に加勢したことは、平家に衝撃を与えた。平治の乱以来、頼政は一貫して平家に協力的だったからである。先述したように、頼政が従三位に叙されたのも、清盛の強い推挙があったからであった。同じく武士の家ではあるが、清盛がその大臣就任をもって皇胤《こういん》であることを事実上認められており、王権と強く結び付いた平家の一門から公卿が多数輩出したのとは違い、頼政のようにほとんど武芸による奉仕だけで公卿昇進を果たしたのは極めて異例のことであった。それは平家からの厚い信頼の裏付けがあったからにほかならない。ところが、以仁王の挙兵に参加した源頼政一族は、自らが正統と信ずる皇統に殉じ、その結果ほとんど全滅することになった。

以仁王は、自ら「最勝王《さいしょうおう》」を称して挙兵したが、早くからその計画は平家方に漏れていたようである。検非違使《けびいし》（京都の治安維持に当たった職）で平家の有力家人であった藤原景高《かげたか》を中心とした三百余騎が以仁王らを追撃し、山城国宇治《うじ》（京都府宇治市）で彼らを捕捉、合戦となった。頼政らは討ち死にし、以仁王も南都《なんと》（奈良）を目指し逃れる途上、光明山《こうみょうざん》の鳥居前で討ち取られた。

以仁王の挙兵は鎮圧されたが、王の発した令旨は全国にもたらされ、各地で反平家の兵が蜂起することとなった。挙兵したのは以仁王の令旨に応じた八条院ゆかりの武士だけではなく、後白河院やその知行国と関係のある武士や、治承三年政変とそれ以後に国主が交代した国々の武士などであった。具体的には、八月には伊豆国に配流されていた源頼朝、九月には武田信義《たけだのぶよし》を棟梁とする甲斐《かい》源氏や、信濃国《しなののくに》（長野県）において木曽《きそ》（源）義仲《よしなか》がそれぞれ挙兵する。

治承三年政変で平家は多くの知行国を得たが、それらの国々では、知行国主の交代による目代《もくだい》（国司の代理）や国内行政の担い手である在庁官人層の改変が行われた。

知行国主の交代は、各国の国衙《こくが》行政にも転換をもたらす。すなわち国主が交代することによって、それまでの国主のもとで国衙（国の役所）の主要な地位を占めていた在庁官人（彼らは同時に国内の主要な荘園の荘官なども務めていることが多かった）がその座を追われ、新たな国主のもとに新たな在庁官人が国衙の主要な地位に配置されるということが多く見られたからである。

これらの変化は至る所で大きな軋轢を生じて国内の争乱を招いた。治承三年政変以後の変化についていうならば、ここにさらに「平家家人の優遇・非家人の抑圧」という要因も合わさったことで、それが軋轢をさらに増大させた。そこに武士と貴族との対立の構図といったものや、国主や目代に対する在庁官人たちの一般的な反感、あるいは東国の独立運動、といった動きを看《み》て取ることはできない。中央政界の大きな変動が地方にも波及した結果、全国的な大乱を引き起こすに至ったのだ。

以仁王の乱は、王統をめぐる対立、宗教勢力との対立、知行国における在地支配をめぐる対立などが複雑に交錯するなかで顕在化した反平家の武力蜂起であった。

　このように多元的な紛争を引き起こすに至ったのは、平家が独自の政治権力・武力・宗教勢力を一手に抱え込み、さらには王権をも従属させるに至るほどの巨大権力（元木泰雄氏はこれを「複合権門」と呼ぶ）を構築したことにあると見られている。強大な権力を一気に打ち立てた結果、かえって多方面との深刻な軋轢を生じることとなった点にその原因を求めることができるというのである。

第二章　平家追討戦

頼朝挙兵

治承四年（一一八〇）八月十七日、源頼朝が配流地であった伊豆国で挙兵した。以仁王の令旨が治承四年四月に頼朝へもたらされたことは『吾妻鏡』にも強調されているし、その後の軍事行動でも王の令旨を旗に差して士気を鼓舞《こぶ》したように、頼朝の挙兵は王の呼びかけに応じたものといわれるが、そうだろうか。

まず王の挙兵から三ヶ月近く経過していること、その間に伊豆国の知行国主が源頼政から平時忠《ときただ》（清盛の妻時子の弟）に移っていることから考えれば、他の事情も考慮すべきである。

以仁王の挙兵が鎮圧された後、同年六月に伊豆国北条に頼朝を訪ねた三浦義澄《よしずみ》・千葉胤頼《たねより》が、頼朝に挙兵を促す後白河院の意向を伝えたとされる（元木泰雄『治承・寿永の内乱と平氏』)。頼朝は、母方が後白河院と関係の深い中央貴族である熱田大宮司家の出身であり、彼を取り巻く人々の多くが後白河院とその周辺に集約されるという傾向もあった(野口実「流人の周辺―源頼朝挙兵再考―」)。つまり流罪の身であったとはいえ、頼朝は後白河院近臣という立場を維持していたのである。このような背景から、頼朝の挙兵には「平家が擁する安徳の王権を打倒する」という側面も併せ持つのである。

貴族と武士とを対立的に描く視点においては、頼朝の挙兵などは「武士が貴族社会に挑んだ闘い」の一齣《ひとこま》として理解されるかもしれないが、東国の在地の武士といえども貴族社会に組み込まれた存在なのだ。ならばその政局と連動した行動形態をとることはむしろ当然といえよう。一般に流通する「東国武士の独立志向」といった概念では、頼朝の挙兵の背景を充分に理解することはできないのである。

このとき頼朝に従った武士たちのなかに、北条時政、宗時《むねとき》、時定と並んで義時の名も見える。時政は言うまでもなく頼朝の妻となった政子の父である。政子と義時は同母姉弟と考えられるが、彼らの母は不明である(「伊東入道の娘」とする史料もある。伊東入道は伊東祐親のことであるともいうが、断定はできない)。宗時は時政の長男、時定は時政の弟とされる。時政・時定にはほかに兄弟がいたという徴証はなく、宗時・義時の弟たち(時房《ときふさ》、政範《まさのり》)はまだ幼少か出生前であった。すなわち、北条氏はこのとき一族を挙げて頼朝の挙兵に加わったことになる。伊豆国に流罪となり謀叛人として打ち過ごしていた頼朝に一族を挙げて加担するのは、彼らが外戚家として頼朝を支えていたからだという理由だけでは説明がつかない。伊豆国在庁官人でもあった北条氏には、その理由だけでわざわざ孤立無援の謀叛人を担ぎ出す必要がないからである。そこには北条氏にとっても避けられない理由があった。

北条氏が在庁官人を務めていた伊豆国は、治承四年（一一八〇）四月から五月にかけての以仁王の挙兵まで、源頼政が知行国主を務める国だった。知行国主は、その親族や家人を名目上の国守に推挙し、目代を任じて国内支配を委ねた。目代は現地の在庁官人とともに実務に当たっていた。目代と在庁官人との対立構造を殊更に強調する向きもあるが、現地支配の実務を担う在庁官人との関係構築が不調であれば、国司の最大の任務にして収益源でもある徴税もままならない。基本的に彼らは、知行国主のもとで協調して国内支配を行っていたのである。そして北条氏は、知行国主源頼政による支配のもとで、伊豆国内支配の実務を担う在庁官人であった。

ところが源頼政は、先述の以仁王の挙兵に一族を挙げて加担した結果、家長であった頼政自身も含めたそのほとんどを失うこととなった。『平家物語』によれば以仁王に挙兵をそそのかしたのは頼政ということになっているが、平家一門、とりわけ清盛から源氏の棟梁として厚遇され従三位《じゅさんみ》に叙された頼政が、わざわざ族滅の危険を冒して以仁王に反平家の挙兵をそそのかすことはあり得ない。平家によって安徳天皇が推戴《すいたい》されたことで皇位の望みが絶たれた以仁王が、養母である八条院（鳥羽院の皇女）の支援を受けて反平家の挙兵を企てたのだ（元木泰雄『治承・寿永の内乱と平氏』）。これに、八条院に仕えていた頼政とその一族も従うことになった。八条院にゆかりの武士（八条院領荘園の荘官たち）を糾合して平家に対抗する計画であったと見られるが、畿内においてその中軸を担うべきは頼政とその一族と見なされたのであろう。だが周知のように、以仁王の挙兵は露顕した直後に鎮圧され、頼政自身も一族や家人らとともに山城国宇治の平等院《びょうどういん》での戦いで戦死する。

平家が推戴する高倉院—安徳天皇の皇統に対して叛旗《はんき》を翻した以仁王とその家人たちは、謀叛人として処罰されることとなった。以仁王に加担して戦死した頼政が知行していた伊豆国も平家に没収され、平時忠が新たな知行国主となるのである。

伊豆国在庁官人の北条氏にとっては、知行国主が交代するという変化のみならず、謀叛人となった知行国主に仕えていた在庁官人として、難しい立場に立たされることとなった。

知行国主が平時忠に移った伊豆国では、平兼隆《かねたか》が新たに目代に起用された。この兼隆も、頼朝と同様に流罪となって伊豆国に滞在していたのだが、いわば現地徴用のような形で目代に起用されたという数奇な運命を辿った人物である。伊豆国に流罪となる前は検非違使《けびいし》（判官《ほうがん》）を務めており、目代となってからは伊豆国山木《やまき》（静岡県伊豆の国市）に館を構えたことから、山木判官とも呼ばれる。この目代のもとで、それ以前から平家と関係の深かった伊東氏などが国内での威勢を伸張し、有力在庁官人の位置を占めるようになった。

逆に、北条氏など頼政の知行国支配を支えた旧来の在庁官人たちの立場は、急速に悪化することとなる。ここに、北条氏が一族の存立を懸けて頼朝の挙兵を支援した、否、自らの存立のため頼朝を担ぎ出して挙兵に踏み切った理由がある。

挙兵の手始めとして、八月十七日、頼朝らは伊豆国一宮《いちのみや》（その国の最も格が高い神社）である三島《みしま》社の祭礼に合わせて山木邸を襲撃した。祭礼の日は人の往来も盛んであり、また標的である山木邸の家人たちが出払っているからである。兼隆の山木邸は、頼朝が身を寄せていた伊豆国北条や蛭《ひる》ヶ島《がしま》のすぐ近くである。余談だが、戦国期の後北条《ごほうじょう》氏の拠点となった韮山《にらやま》も同地である。

石橋山の敗北

伊豆国目代を討った頼朝の挙兵は、九月上旬頃には畿内に伝えられた。平家が福原遷都を進めるなか、伊豆国に配流されていた「謀叛賊義朝子」、すなわち頼朝が目代を殺害して伊豆・駿河（静岡県中部）を占拠したというのである。その挙兵は京都の貴族たちに衝撃を与えた。「まるで平将門《まさかど》のようだ」と（『玉葉』治承四年九月三日条）。

ただしそうした謀叛が起こるのも故なしとしない、という空気が流れていたのも事実である。というのも、前年十一月の治承三年政変以後、世情は穏やかでなく、それを鎮めるため、平家はただ刑罰を乱発するばかりだったからだ。だが地方の人々は平家の威勢を恐れず、ややもすると叛乱を企てようとする。軍事クーデターによって政権を握った者は、その後の治世においては仁政を施し、地方に至るまで人々を心服させるべきところ、いまはただひたすら刑罰を行い、仁政など望むべくもない状態であるため、天下の災いは必然であるというのだ。また、頼朝が伊豆国で「義兵」、つまり正義のための戦いを起こしたとする評価もある（『山槐記《さんかいき》』治承四年九月四日条）。

伊豆国で挙兵し緒戦で勝利を挙げた頼朝は、かねてから同意を取り付けていた相模国の三浦一門（一四五頁の系図参照）との合流を図った。

そこへ、大庭景親率いる平家家人の大軍が立ちはだかった。

不本意ながら加わった者もいたとされるが、相模国の主だった武士はもちろん、武蔵国の熊谷直実《くまがいなおざね》など、のちに御家人（将軍と主従関係を結んだ武士）となる武士の多くも平家方として頼朝を迎え撃つ側にいた。頼朝らの後方からは伊東祐親も三百余騎を率いて迫っていたが、景親らは頼朝らを叩《たた》くことを急ぎ、ここで合戦となった。八月二十三日の石橋山《いしばしやま》合戦である。

頼朝方は死を恐れずに戦ったが、衆寡《しゅうか》敵せず、明け方頃には頼朝も戦場を離脱して山中

坂東武士団の分布と挙兵後の源頼朝の進路　野口実『武家の棟梁源氏はなぜ滅んだのか』(新人物往来社)を参考に作成。略記した月日は治承4年の日付。○は国府

への潜伏を余儀なくされた。

この合戦では「北条殿父子三人」、すなわち時政・宗時・義時が、劣勢のなかで頼朝の側近として奮戦した。時政の弟とされる時定の動向が明らかではないが、三人のなかで宗時が、土肥《とい》から下った早川《はやかわ》のあたりで伊東祐親の兵に囲まれ、討ち取られてしまった。

石橋山合戦に敗れた頼朝は、相模国の真鶴《まなづる》（神奈川県真鶴町）から安房国へ逃れる。真鶴は頼朝の挙兵に一族を挙げて参じた土肥実平《どひさねひら》の本拠にも近く、より安全に脱出を図れると踏んだのであろう。一方、頼朝に合流しようとした三浦一門も平家方の追撃を受け、いったん籠城《ろうじょう》した本拠の衣笠城《きぬがさ》（神奈川県横須賀市）を捨てざるを得なくなった。安房国に脱出した頼朝に続いて、義時も、父の時政や岡崎義実《おかざきよしざね》（三浦義澄の叔父）、近藤国平《こんどうくにひら》（源頼政のもとで伊豆国在庁官人を務めた）らとともに土肥郷岩浦《いわうら》から乗船し、同じく逃れてきた三浦一門と海上で合流する。

安房国に上陸した頼朝は、上総広常《かずさひろつね》（上総国を本拠とする大豪族）との合流を図る一方で、時政を使者として甲斐国へ派遣した。これより以前、房総半島に渡る前に源氏たちを結集すべく、一度時政を甲斐国へ向かわせたようとしたこともあったのだが、頼朝が逃避行を続けたままではその後の合流も困難であるとして、すぐに頼朝のもとへ戻ったという経緯がある。

頼朝の関東制圧

さて、頼朝挙兵の一報が伝わった京都では、九月五日には追討使の派遣が決定した。目代への攻撃は国司への攻撃、すなわち国家に弓引く行為として公的な追討の対象となるのだ。この関東の争乱に対しては、いまや平家一門内部でも傍流となった小松家の維盛《これもり》（重盛の長子）らを大将とした軍が派遣された。

追討使の軍勢は九月二十一日に福原を出立し、平安京を経て十月十六日に駿河国高橋宿《たかはしのしゅく》（静岡県静岡市）に到着した。

追討軍はここで驚愕《きょうがく》の事実を知ることになる。南関東は房総半島に没落したはずの頼朝軍によって制圧され、駿河国も甲斐源氏の手に落ちていたのだ。

このような事態に至った関東の情勢に再び目を向けてみたい。

関東では、伊豆国だけでなく、上総・下総・相模などの諸国でも同時多発的に紛争が勃発していた。もともとこれらの諸国では、地域や氏族を越えた抗争が伏在していたところへ、治承三年（一一七九）以後、知行国主の交代（とくに平家方の国主への交代）に伴って優遇されるようになった平家家人と、逆に抑圧されるようになった非平家家人という新たな抗争の火種が持ち込まれ、それらが一気に噴出したのである。

石橋山で一敗地にまみれた頼朝も、両総《りょうそう》平氏とよばれる千葉氏・上総氏など房総半島の反平家方勢力の協力を得て態勢を立て直し、南関東を制圧するに至った。関東の武士の多くも平家と主従関係を結んではいたが、その中心となるまとめ役がおらず、家人相互の連携は不充分であったと見られ、態勢を立て直して大勢力となった頼朝にさしたる反撃も加えることができず、各個撃破されていった。

このほか、平家家人となっていた者もいる甲斐源氏も蜂起し、平宗盛の知行国である駿河国へ攻め込んで、十月十四日には同国目代の橘遠茂《たちばなのとおもち》や長田入道らが討たれてしまった。甲斐源氏は頼朝に従属していたように『吾妻鏡』では描かれているが、ある程度連動した動きを示していたのは事実であるものの、頼朝からは独立した一個の地域権力であった。

かくして南関東は頼朝軍に制圧され、駿河国も甲斐源氏の手に落ちたのである。

追討軍の圧倒的不利な状況が反映された富士川《ふじかわ》合戦は、頼朝と甲斐源氏の勢力が勝利を収めた。合戦の勝利ののち、頼朝は逃れる平家軍を追って西上しようとしたが、千葉常胤《つねたね》、上総広常、三浦義澄らの献策を容《い》れて常陸国《ひたちのくに》の佐竹《さたけ》氏を攻撃した。まずは関東の支配を固めようというところであろうが、常陸国の佐竹氏が、頼朝にこの献策を行った彼らの背後の脅威となっていたという事情もある。

治承四年（一一八〇）十二月、頼朝は鎌倉の新造御所への移徙《いし》（引っ越しの儀式）を行った。これに供奉《ぐぶ》した御家人のなかに、義時も父時政とともに名を連ねている（『吾妻鏡』治承同月十二日条)。だが、挙兵からこの頃までの間に、義時の名は『吾妻鏡』でも特筆されるわけではない。頼朝の側近ではあるが、まとまった軍勢を率いているわけでもないため、挙兵から南関東一帯の制圧までの間の戦いにおいては、目を引く活躍がなかったのであろう。

この頃から頼朝のことを「鎌倉殿」と称するようになる(『吾妻鏡』治承四年十月二十一日条)。味方に馳《は》せ参じた武士たち(御家人と呼ばれる)の棟梁たる地位を示す言葉がこの鎌倉殿であり、自らの居所を鎌倉に定めた頼朝は、その居所にちなんでこのように呼ばれたのである。

やがて頼朝が征夷大将軍に就任すると、鎌倉殿＝将軍となるが、征夷大将軍への就任と配下の武士たちとの主従関係には関わりがないから、鎌倉殿であることと将軍であることとは必ずしも一致しない。将軍に就任したことで急に御家人が増えるわけではないし、将軍を退任したからといって鎌倉殿でなくなるというわけでもない。

これ以後「鎌倉殿」は、武士団の棟梁たる頼朝、幕府成立後は幕府の棟梁を指し、あるいは、幕府の中心をなす家(源氏将軍家)の家長を指す場合もある。

さて、頼朝率いる「叛乱軍」に富士川で挑み、まさに歴史的な大敗を喫した平家にとっては衝撃であった。この敗北の知らせが福原にもたらされると、清盛は激怒し、「敗死するならいざ知らず、おめおめと逃げ帰ってくるとは何たる恥知らずか」と、怒りに打ち震えたという。

さらに富士川での大敗の影響は、さまざまな形で表れた。各地の勢力による反平家の挙兵を相次いで引き起こしたのである。それまで摂津国福原への遷都を進めていた平家は、それをとりやめて平安京に還都し、まず畿内近国の叛乱の鎮圧に乗り出した。

主力を投入した近江国《おうみのくに》では治承四年（一一八〇）のうちにほぼ国内を制圧したほか、大和国《やまとのくに》では、反抗勢力の中核であった興福寺を激しく攻撃したが、その余波が隣接する東大寺《とうだいじ》にも及んだ結果、大仏を焼失するという事態を引き起こした。鎮護国家の象徴である盧舎那仏《るしゃなぶつ》像《ぞう》の焼失は、社会全体に多大な衝撃を与えた。京都周辺の反平家勢力の動きは鎮静化したが、とくに大仏の焼失は「仏敵」の汚名を被《こうむ》ることも意味し、畿内の鎮静化と引き替えに平家にはさらなる激しい憎悪が向けられることになるのである。

さらに平家の前途に暗雲が漂い始める。高倉院の病状が急変したのである。

治承五年（一一八一）正月十二日、高倉院は危篤状態に陥り、同十四日にはついに六波羅泉殿《いずみどの》で崩じた（二十一歳）。内乱の最中であることも考慮され、最略儀での葬送が行われた。

これによって、後白河院政が再開されることとなったものの、清盛は後白河院に政権を握らせることなど露ほども考えていなかった。だが、その清盛も二月二十二日から頭痛や発熱に襲われ、翌月には重篤化したため、後継者である宗盛の美濃《みの》方面への出撃もとりやめとなった。

死期を悟ったであろう清盛は、後白河院に「自分の死後はすべて宗盛に任せてあるので、宗盛と協力して政務を行うように」と、宗盛と後白河院の共同執政を提案した。しかし後白河院の返答が曖昧《あいまい》なものであったため、あらためて宗盛の独裁を指示し、閏《うるう》二月四日、ついに、側近平盛国《もりくに》の九条河原口《くじょうがわら》の邸宅で死去した。享年六十四であった。

宗盛がのちに清盛の遺言として語ったところによると、「我の子、孫は一人生き残る者といえども、骸《むくろ》を頼朝の前に晒すべし」と遺言したという。この遺言は、最後まで追討活動に固執させるという形で平家を呪縛《じゅばく》することとなる。

「御隔心なきの輩」

治承五年（七月に改元して養和《ようわ》元年。一一八一）は、先述のように平家による巻き返しはあったものの、その平家にも高倉院や清盛の死があり、さらに飢饉《ききん》の影響もあって、叛乱と追討の戦線は膠着《こうちゃく》した。これにより、挙兵から雪だるま式に膨らんだ頼朝の勢力拡大も一段落を迎えることになる。これまでは目の前にいる平家方を討ち、その所領を戦功のあった者に分配することで勢力を拡大または維持してきたのだが、それができなくなってしまったからだ。

また、実現には至らなかったものの、頼朝は後白河院に申し入れて平家との和睦《わぼく》の可能性を探っている。曰《いわ》く、後白河院が平家を討つなというならば、東国は源氏に任せ、西国は平家に任せて、ともに国家の守護者として登用してもらいたいというものであった。後白河院政が再開され、清盛を失った平家が追討の継続に消極になっているであろうとの見立てがあったのかもしれないが、これはあくまでも頼朝を討つべしとする清盛の遺言を重んじる宗盛によって拒否された。

勢力の拡大ができない間、それまでに従属させた勢力の再編成が進められた。ここではその動きについて、北条義時に着目しながら検討してみたい。

治承五年（一一八一）四月、頼朝は「殊《こと》に弓箭《きゅうせん》に達するの者、また御隔心《ごかくしん》なきの輩《ともがら》（とりわけ弓矢が達者で、心を許せる者）」に毎夜の寝所近辺の警護を命じた。『吾妻鏡』はその筆頭に「江間《えま》四郎」（義時）を記す。下河辺行平《ゆきひら》（下河辺行義の子）、結城朝光《ゆうきともみつ》、和田義茂《わだよしもち》（和田義《よし》盛《もり》の弟）、梶原景季《かじわらかげすえ》（梶原景時《かげとき》の子）、宇佐美実政《うさみさねまさ》、榛谷重朝《はんがやしげとも》、葛西清重《かさいきよしげ》、三浦義連《よしつら》（三浦義澄の弟。佐原《さわら》義連とも）、千葉胤正《たねまさ》（千葉常胤の子）、八田知重《はったともしげ》（八田知家《ともいえ》の子）がいずれも武芸の名手や軍功を挙げた者として『吾妻鏡』に見える。「弓箭の達者」と「心を許せる者」をとくに区別して記しているわけではないが、義時も頼朝の姻戚であるだけではなく、武芸の才も認められて名を連ねたものと見てよいのではないだろうか。

その義時が、頼朝の信頼なお厚いものがあったことを示す有名なエピソードがこの時期にあるので紹介しておきたい。

頼朝には、妻政子のほかに寵愛していた亀《かめ》の前《まえ》という女性がいた。

頼朝が伊豆国で流人となっていた頃から側近くに仕えていたこの女性を、源広綱《ひろつな》（源頼政の子）の屋敷に住まわせていたというのだが、その事実を政子は父時政の後妻である牧《まき》の方《かた》から聞き及び、牧の方の兄弟である牧時親《ときちか》に命じて広綱の屋敷を破却させた上で恥辱を与えたという（なお、『吾妻鏡』では牧三郎宗親《むねちか》に破却を命じたとあるが、野口実氏の「伊豆北条氏の周辺」によればこれはその子時親《ときちか》と見るべきであるとする）。政子はこれに先立つ寿永元年（一一八二）八月に長男の万寿《まんじゅ》（のちの頼家）を出産している。亀の前は、広綱に連れられてどうにか大多和義久《おおたわよしひさ》の宅へ逃れた。広綱がこれを頼朝に報告したところ、頼朝は時親を呼びつけて叱責《しっせき》し、その髻《もとどり》を切り落としてしまった（髻は髪を頭上に束ねたもので、それを切り落とすことは、当時の成人男性が通常の社会生活を送る上で必須《ひっす》であった烏帽子《えぼし》をかぶることを不可能とするという最大級の侮辱である）。時親に対する頼朝の仕打ちを聞いた時政は、伊豆国に出奔してしまった。だが、義時は時政に従わず鎌倉に留《とど》まり、頼朝から信頼の言葉を得たのである。

父の教令に必ずしも従わず、頼朝との主従関係を優先させた義時に対して、子孫に至るまで厚遇するよう約したというのである。なお頼朝は、その後再び小坪《こつぼ》（神奈川県逗子市）の小中太光家《こちゅうたみついえ》の屋敷に亀の前をひそかに住まわせたという。政子の機嫌を気にしつつ、寵愛の情が募ったからであったのだそうだ。

ところで、のちに平家一門の平頼盛（清盛の異母弟）が鎌倉に頼朝を訪ねてきた際に、御家人のなかから「馴京都《きょうとになるる》之《の》輩《ともがら》（京都に慣れた者）」が集められた。そこに名を連ねたのは、小山朝政《おやまともまさ》、三浦義澄、結城朝光、下河辺行平、畠山重忠《はたけやましげただ》、橘公長《きみなが》、足立遠元《あだちとおもと》、八田知家、後藤基清《ごとうもときよ》であった（『吾妻鏡』元暦元年六月一日条）。

まず前提として、中世社会における武士は、どのような者であっても何らかの京都との繋がりは有しているものであるから、京都に慣れているというのも程度の問題に過ぎない。その上で、とりわけ京都に慣れている者が選抜されたのが前記の面々だというのだが、義時はここに名を連ねていない。

北条氏とて京都との関係浅からぬ一族であるはずなのだが、どういった事情か、頼盛を饗応《きょうおう》する役目のなかに北条氏は名を連ねていない。この時点での義時は、頼朝の側近ではあったのだが、まだその勢力の中核をなす武士であったとは言い難い。

寿永二年（一一八三）は、鎌倉幕府の歴史が記録された『吾妻鏡』が欠落しており、幕府の視点からその内部の様子を窺い知る史料に乏しい。もちろん義時をはじめとする北条氏の動向も詳細は明らかではない。

義時の周辺では、この年に長男の泰時が誕生している。泰時の幼名は金剛《こんごう》で、江間四郎を名乗っていた義時の長男ということで、のちに江間太郎を称する。建久五年（一一九四）に元服する際には、頼朝から一字をもらって頼時《よりとき》を称したが、その後泰時と改めるのである。

義時の後継者となり、鎌倉幕府を支えた名執権として名を馳せることになる泰時としては意外なことだが、母の出自は明らかではない（上横手雅敬『北条泰時』）。また、泰時が出生した寿永二年と、死没する仁治《にんじ》三年（一二四二）はいずれも『吾妻鏡』が欠落している。『吾妻鏡』は泰時の功績を最も詳細かつ劇的に記すのだが、同書において泰時の生没はいずれも未詳なのである。

このほか寿永二年の出来事として『吾妻鏡』以外の史料からわかることは、挙兵直後の頼朝を強力に支えた上総広常が粛清されたこと、頼朝の叔父である志太義広《しだよしひろ》の蜂起とそれをきっかけとして木曽義仲との対立が生じたこと、平家が都落ちした一方で木曽義仲と平泉《ひらいずみ》藤原氏（奥州藤原氏）の脅威が増大したことなどが挙げられる。

先述のように、挙兵の後に勢力の拡大が一段落していた時期、それまでに従属させた勢力の再編成が進められたが、その一方で、「頼朝の郎従ら、多く以《もっ》て秀平（衡）のもとへ向かう」とあるように、頼朝のもとから家人が流出するような動きも見られたといい、その流出先は平泉藤原氏であったという（『玉葉』寿永二年閏十月十七日条）。鎌倉を拠点に南関東を実効支配していたとはいえ、頼朝の身分は平治の乱によって伊豆国に配流された頃のままの謀叛人であった。

その間、東北の平泉藤原氏は院や平家との関係を利して内乱の影響を適宜回避しつつ勢力を維持し、木曽義仲は北陸道を制圧した勢いを駆って京都に迫り、平家を都落ちに追い込んだ。それら各地の地域権力の間で、頼朝の立場は決して盤石でもなく、一頭地を抜いていたわけでもないのである。もとは流人で謀叛人であった頼朝には、一般的な武士ならば当然引き継がれる（重代相伝の）家人はおらず、それを引き留めておくためには恩賞の給与とその保証に意を用いる必要があった。だがこの時期は勢力の拡大も停滞しており、家人の統制のためにも、頼朝自身の立場を再構築する必要があった。

一方、木曽義仲は寿永二年（一一八三）七月末に入京を果たす。平家を都落ちに追い込み、甲斐源氏の安《やす》田《だ》義定《よしさだ》らも含む各地の軍事貴族たちを従えた入京は、それまで同調していた諸勢力を義仲に奪われるという意味で、頼朝にとっても脅威であった。寿永二年初頭に頼朝は義仲を攻撃し、頼朝優位で講和したのだが（佐々木紀一「日本国ふたりの将軍といはればや—

『平家物語』の義仲と頼朝―」）、その後入京を図る義仲に、従来は頼朝と協力していた軍事貴族たちが同調する動きまでは抑えられなかったと見られる。

そこで頼朝は、謀叛人からの脱却に着手するため、秘密裏に後白河院と交渉を進めることにした。

寿永二年（一一八三）八月には、都落ちした安徳天皇に代わって後白河院―後鳥羽《ごとば》天皇の皇統が成立したのだが、それ以前の皇統（高倉院―安徳天皇）にとっては謀叛人であった頼朝も、新たな皇統に対しては忠実な存在であることを改めて確認される必要があったのであろう。院との接触がこの時期となったのは、平家が都落ちしたことによって院やその周囲との交流を図りやすくなったことに加えて、院と義仲との関係が悪化しつつあったことも影響したと見られる。後白河院近臣の中原康貞《なかはらのやすさだ》を仲介者とする交渉で、自らの本位（従五位下）復帰が実現した。

そして、いわゆる「寿永二年十月宣旨」により、頼朝は東海道・東山道諸国の国衙の在庁官人たちに対する指揮権を公認され、その地域の荘園・国衙領からの年貢を安全に貢納するよう定められた。宣旨は、本来天皇の命令だが、この場合の最終的な決定権者は後白河院と見るべきである。つまり、これまで頼朝が実効支配していた地域について、その支配を認めた上で、規定の年貢は従来どおり納入するよう、朝廷の支配下に位置付けられることになったのである。この宣旨で公認されたとする東海・東山両道の国衙在庁指揮権も、頼朝が謀叛人の立場を脱してこそ有効であっただろう。

ただし、東海道・東山道諸国にはこの当時の頼朝の実効支配が及んでいない国々も含まれる。たとえば東海道の駿河や遠江《とおとうみ》はこの当時、甲斐源氏が支配していたし、それより西の国々には頼朝の実効支配は及んでいない。また、東山道の諸国のほとんどは木曽義仲をはじめとするほかの軍事貴族や平泉藤原氏が支配しており、頼朝の支配権が及んでいたのかどうかも不明なほどであった。だから、この宣旨によって単に頼朝の実効支配が追認されたと見ることも充分ではない。

名目上は東海道・東山道諸国の支配権を公認された頼朝は、その履行《りこう》のため軍勢を西へ派遣する。それを率いたのは弟の範頼《のりより》・義経である。小勢であったため、木曽義仲による後白河院御所への襲撃(法住寺合戦)を防ぐことはできなかったが、義仲から離反した軍事貴族や、伊勢・伊賀《いが》周辺の平家家人らも糾合して一大勢力となった範頼・義経率いる軍勢は、義仲を討って入京を果たした。ついに頼朝の勢力が京都へ及んだのである。

平家追討戦と北条氏

上洛を果たした範頼・義経率いる鎌倉方の軍勢は、すぐさま西へ向けて出陣した。前年、木曽義仲に追われて九州へ逃れた平家が再び勢いを盛り返し、摂津国福原まで迫っていたからである。鎌倉方の軍勢は劣勢と見られていたが、畿内近国の武士たちも味方に付けて、福原の平家を攻撃し、これを打ち破った。いわゆる一ノ谷《いちのたに》合戦（寿永三年〔一一八四〕二月）である。

この戦いで、平家は平重衡《しげひら》（清盛の子）をはじめとする一門の主要な武将たちを多く失うこととなり、讃岐国《さぬきのくに》の屋島《やしま》（香川県高松市）に逃れざるを得なかった。以後、平家の勢力が畿内を脅かすことはなくなる。

鎌倉方は、京都を中心とする畿内の安定化に努めつつ、西国に残った平家の追討を進めることになる。この平家追討戦に、北条氏からは義時が従軍し、父の時政は、頼朝の外舅《がいきゅう》としてその側近に控えていた。

元暦《げんりゃく》元年（一一八四）八月八日、頼朝は西国に逃れた平家を追討するため、範頼以下の東国御家人が率いる一〇〇〇騎あまりの軍勢を派遣した。そのなかに北条義時も名を連ねている。頼朝はこの軍勢を、鎌倉西部を流れる稲瀬川《いなせがわ》に桟敷《さじき》を構えて見送ったという。

なお、さきに紹介した寿永元年（一一八二）における亀の前のエピソードでの後日談以来、この元暦元年の軍勢派遣に関する記事まで、『吾妻鏡』に義時の名は見えない。この間、鎌倉方は木曽義仲を討ち、平家軍を一ノ谷合戦で破るなどの軍事行動を展開していたのだが、記録上、そこに義時をはじめとする北条氏の活躍を見出すことはできない。

範頼率いる軍勢の目的は、山陽・山陰道を進撃して九州まで制圧し、四国に拠《よ》る平家の退路を断つことにあった。軍勢を構成するのは、義時をはじめとする東国武士たちであった。

武士たちは一般的に、自らの利害が直接に絡む問題であるほど自発的に動く傾向にある。近隣武士との所領争いや、相続をめぐる抗争など、自らの存立を懸けた対立の局面がそれにあたるわけだが、東国武士にとって平家追討の遠征は、必ずしもそれに合致しない。もちろん勲功を挙げればそれなりの恩賞を期待できたであろうが、遠征自体が従軍する武士にとっては大きな負担であり、遠征軍を指揮する者はその統制に苦慮することになる。頼朝はその役目を弟の範頼に委ね、自らは鎌倉にあって範頼に指示を発していた。

範頼率いる軍勢は、半年ほどで周防国《すおうのくに》（山口県東部）まで進んだ。九州は目前である。元暦二年（一一八五）正月には九州の豊後国《ぶんごのくに》（大分県）に渡ろうとする武士たちのなかに、義時もその名を連ねている。だが、『吾妻鏡』元暦二年正月二十六日条で特筆されているのは、高齢を厭《いと》わず従軍する千葉常胤、病身を押して従う加藤景廉《かとうかげかど》、甲冑《かっちゅう》を売り払って自ら操作できる小船を購入し先駆けを狙《ねら》う下河辺行平、多勢を率いていることから周防国に留まることを命じられる三浦義澄らであった。これらの特筆自体が脚色である可能性も否定できないが、ここでの義時は、その他大勢の武士の一人である。

その後、豊後国に上陸する範頼以下の東国武士のなかにも義時の名が見える（『吾妻鏡』元暦二年二月一日条）。上陸後、筑前国葦屋浦《ちくぜんのくにあしやのうら》（福岡県芦屋町の西浜町・白浜町・幸町一帯の湾港）で平家方の原田種直《はらだたねなお》らと合戦となり、これも鎌倉方が勝利する。だがここでも戦功が特筆されるのは、下河辺行平、渋谷重国《しぶやしげくに》らであって、義時の名は特段大書されない。

さて、義時が属する範頼が率いた軍勢が元暦二年（一一八五）二月には九州まで制圧したことで、四国に拠る平家は退路が断たれることとなった。前年七・八月の伊賀・伊勢両国における平家家人の蜂起を鎮圧した後も京都に留まり、畿内の治安維持を担っていた義経は、海路四国へ渡り、讃岐国屋島を急襲して平家の地上における拠点を奪うことに成功した。なお、この義経の軍事行動をその独断とする見方もあるが、義経が離京するにあたって交代要員が鎌倉から送られていることから、頼朝の同意があったと見るべきである。

屋島を落とされた平家はもはや根無し草同然となった。瀬戸内海を西に逃れ、本州のまさに最西端、長門国（山口県西部）の彦島《ひこしま》（同県下関市）に追い詰められた。彦島の対岸は北九州の門司《もじ》（福岡県北九州市）で、その間を流れるのが関門《かんもん》海峡、その海峡の北側の浦を壇《だん》ノ浦《うら》という。平家追討戦の最後の戦いの場である。

範頼率いる軍勢は本州から北九州を制圧して陸路を制圧し、義経率いる軍勢は四国から瀬戸内海沿いに平家を追跡していた。味方する勢力もいまや僅少《きんしょう》で、平家に逃げ場はない。

元暦二年（一一八五）三月、長門国赤間関《あかまがせき》（山口県下関市）の壇ノ浦で平家は最後の戦いを挑んだ。関門海峡の潮流が合戦の帰趨《きすう》に影響したとする説もあるが、この戦いは、戦場での自然環境の微妙な変化では覆《くつがえ》せないほどの劣勢に平家が立たされていたことを重視すべきである。

義経は畿内・西国の武士を中心に水軍を組織し、東国武士は三浦義澄などを除いてほとんどが範頼に従って陸路を進撃していたから、壇ノ浦海上での決戦は遠矢などを用いた援護に徹するほかなかったと見られる。陸上の退路を断つのは重要な役目ではあったが、最大の戦功の機会に加わることもできなかった東国武士たちは胸中穏やかでいられなかったであろう。その範頼率いる軍勢のなかに義時の姿もあった。

これまでの平家追討戦がそうであったように、頼朝は西国の武士たちの協力を得て平家と戦い、勝利を収めたのである。また、鎌倉方の東国武士たちのなかにも、かつては平家家人であった者は多かった。源平合戦とも呼ばれる内乱において、〝東と西との対立〟のような図式を、実態以上に煽《あお》る必要はないのだ。

合戦は鎌倉方の勝利に終わり、安徳天皇、その祖母平時子らが水中に没したのをはじめ、平家一門の主だった人々は戦場死するか捕虜となった。安徳天皇の傍らにあった三種の神器のうち、剣は水没したまま ついに発見されなかった。

第三章　幕府草創

平家滅亡後の対立

壇ノ浦合戦で平家を破った源義経は、元暦二年（八月に改元して文治《ぶんち》元年。一一八五）四月、京都へ凱旋《がいせん》した。安徳天皇も平家一門の主だった人々とともに海中に没したことで、後白河院と彼が即位させた後鳥羽天皇は、名実ともに王家主流の地位を得たことになる。頼朝もまた、それを守護する武家（軍事権門）の地位を確たるものにしたかに見えた。

だがここで新たな問題が持ち上がる。義経の処遇である。

義経は頼朝の代理として京都に進撃して木曽義仲を追い落とし、さらに京都や畿内近国の安定に努めつつ、平家追討の功を挙げた。後白河院は、内乱の過程で次々に没落した京武者の後継者としてその義経を登用していく。元暦元年（一一八四）、伊賀・伊勢平氏の蜂起の際に義経を検非違使《けびいし》・左衛門尉《さえもんのじょう》に任じていたが、平家追討から凱旋した義経を院御厩司《いんみまやつかさ》に任じた。

院御厩司は、軍馬も管理する院の親衛隊長と呼ぶべき地位であった。義経の前に木曽義仲が務めていたほか、それ以前は平家一門が務めていたことからも明らかなように、京都における軍事の第一人者が任じられる地位だったのだ。

もちろん、頼朝とて義経の功績を認めていなかったわけではない。平家滅亡後の文治元年八月、源氏一門を受領《ずりょう》に推挙したときには、そのなかでも最も格が高いとされる伊予守《いよのかみ》に義経を就けている。頼朝としても義経に充分な配慮を示していたといえよう。ただし義経の言い分を聞けば、頼朝が伊予国内に配置した地頭のために国務（主に徴税）が満足に行えなかったというから、義経もこの処遇に思うところはあったであろう。

この就任は頼朝の推挙と後白河院の了承があったと見られるが、このことはまた、急速に後白河院に接近しつつあった義経を鎌倉に呼び戻すための方策でもあったという。義経の前官は検非違使・左衛門尉であったが、これは在京を前提とする官職であった。官職の在り方に厳格な頼朝はその原則を理解していたから、それを踏まえた上で在京を前提としない官職へ義経を推挙し、その離京を促す意図があったという（元木泰雄『源義経』）。

だが後白河院も異例の人事を発して義経の引き留めを図った。義経を伊予守に就ける一方、検非違使に留任させたのである。通常ならば受領と検非違使を兼務することはないが、これにより、受領昇進とともに検非違使の任を解かれれば義経が在京する理由もなくなるはずという頼朝の意図を妨げたのである。

頼朝は、義経が後白河院のもとで京武者として登用されることを警戒していた。平家追討は成ったが、平泉藤原氏は健在であったし、御家人となった武士たちもそれぞれが内紛を抱えていた。義経がそれらの結節点となって、自らの脅威となることを、頼朝が警戒するのは無理のないことである。まして、後白河院のもとから引き離すべく伊予守に推挙もしたのに、後白河院と義経の両者がおそらく結託し、その狙いが外されたとあっては警戒の念が募る一方であろう。

『平家物語』（延慶本《えんぎょうぼん》）によれば、義経は平家追討の立役者であることを自負していたという。後白河院も、内乱の過程で次々と没落していった者たちに代わって信頼できる京武者を探していたが、義経はそれに応え得る存在だと見ていたのであろう。

その義経は、壇ノ浦で捕らえた平宗盛を鎌倉へ連行した。このとき頼朝が義経に対して思いのほか冷淡であったというのは諸書が語るところではあるのだが、とはいえ、この段階で頼朝と義経の関係が破綻《はたん》していたわけではない。それは、義経が宗盛を連れて京都へ戻って行ったことからもわかる（宗盛は近江国篠原《しのはら》で処刑された）。

文治元年（一一八五）十月二十四日に執り行われた、頼朝らの父義朝の菩提《ぼだい》を弔う勝長《しょうちょう》寿院《じゅいん》の落慶供養《らっけいくよう》には、主だった御家人や源氏一門が列席することになっていた（『吾妻鏡』同日条）。主宰者である頼朝を中心に御家人たちが結束することを示すこの儀式は、頼朝と義経の関係を示す試金石となったであろう。

だがここに義経の姿はない。

義経はこの儀式には参列せず、両者の関係破綻が後戻りできないところまで来たことが、内外に示されたわけである。

儀式開催前に義経の不参加は明らかとなっており、頼朝は京都に刺客を放って義経を挑発した。この襲撃を退けた義経は、後白河院に頼朝追討の宣旨を求めた。親とも兄とも慕い仕えてきた頼朝との関係が、もはや修復不可能に至ったことを義経も悟ったのであろう。

義経と叔父の行家は、頼朝追討の宣旨と九州・四国の地頭職《じとうしき》を得たものの、京都とその周辺で義経に味方する武士は少なかった。京都とその周辺の武士たちにとって、頼朝は必ずしも立ち向かうべき敵ではなかったし、頼朝に敵対する危険を冒してまで従うほどの恩義が義経に対してもなかったからであろう。むしろ、義経が頼朝の代官として入京するに際して加勢したはずの平信兼《のぶかね》（頼朝に討たれた平兼隆の父）の一族を、おそらく頼朝の命により殺害したことで、義経は京都周辺の武士たちから忌避された可能性もある（元木泰雄『源義経』）。

京都とその周辺からの加勢が期待できない以上、京都に留まることはかえって危険である。後白河院から地頭職を与えられた九州および四国で味方を集めるべく、義経とその一行は京都を出て西国に向かった。だが摂津国大物《だいもつ》（兵庫県尼崎市付近）から出航したところ、海上で暴風雨に遭い、散り散りになってしまった。義経は僅かな家人を連れて畿内近国での逃避行を余儀なくされる。

この義経を捜索すべく派遣されたのが北条時政であった。

義経追跡と北条氏

文治元年（一一八五）十一月二十四日、北条時政が頼朝の代官として入洛した。一〇〇〇騎の軍勢を率いていたという（『玉葉』同日条）。時政に率いられた武士たちは口々に、自らの追討を命じた後白河院の院宣《いんぜん》（院の意思を伝える文書）に頼朝が怒りを覚えていることを語ったという。畿内近国はこの武士たちが支配するのであろうと人々は噂《うわさ》し合った。

このような噂が出るのも、彼らの目的が義経とその家人らの徹底的な追跡にあり、そのために関係各所（それは畿内近国を意味する）の捜索に事寄せて、やがてそこを押領《おうりょう》（横領）するのではないかと見られたからであろう。

入京した時政は後白河院近臣の吉田経房と面会した。面会の内容の詳細は、当事者間の記録としては伝わっていないが、伝聞記事に加えて、その後の時政の行動がこのときの合意に基づくものであると見られることから、以下のように考えられている。

まずこの面会の主な話題が兵糧米（戦費）徴収にあったことは、摂関を務めた九条兼実《くじょうかねざね》が日記『玉葉』にそれを記していたことからよく知られている。先述のように、時政とともに入京した武士たちの間では、京都周辺の国々を武士が支配すると語られていたとされることから、彼らが関東を出立するときには、すでに頼朝の意向は示されていたのであろう。

やがて時政らに「五畿山陰山陽南海西海諸国」、すなわち畿内から西の国々の荘園・公領から段別《たんべつ》五升の兵糧米を徴収する権限が与えられた。いわゆる国地頭《くにじとう》の設置である。これを聞いた九条兼実は、単に兵糧米を徴収するだけではなく、田地そのものの支配権をも掌握するのであろうと嘆いている。

すでに紹介したように、時政は後白河院が頼朝との交渉の窓口役に任じた吉田経房と旧知の仲であったとされるため、在京して頼朝の代理を務めるにはうってつけの人物であった。時政自身にとっても、在京して義経の追跡に当たる強い動機があったとされる。それは、後白河院のもとで京武者の第一人者の地位を得つつあった義経は、院のもとで諸国の武士たちを統合する中心となり、やがて頼朝の地位すら脅かしかねなかったからである。時政の娘政子は頼朝の妻であり、その子頼家は時政の外孫にあたる。頼朝－頼家の権力を確立することが、時政をはじめ北条氏の地位の確立にも繋がるわけで、その阻害要因となり得る義経を排除することには、時政以下の北条氏にも強い動機が存在したはずなのだ（元木泰雄『源義経』）。

頼朝の代理として在京する時政は、義経の追跡に着手したほか、朝廷の要請に応じて畿内近国の治安維持にも当たった。

没落した義経は、再起を図って畿内を転々とする。

文治元年（一一八五）十一月に京都を離れた義経は、文治三年二月に平泉藤原氏のもとにいることが判明するから、その一年半ほどの間は畿内を中心とした所々でさまざまな支援を受けつつ、しかし配下の者を少しずつ失いながら、潜伏を続けていたと考えられる。

時政が在京していたのは文治二年三月までで、その後の役目は弟と見られる時定に引き継がれたが、その間にも義経とその一行の追跡は続いた。同年五月にはその時定が行家を捕らえたほか、義経に従っていた源有綱《ありつな》（源仲綱の子）、伊勢義盛《いせよしもり》、佐藤忠信《さとうただのぶ》らもこれに前後して次々と拘束あるいは殺害された。肝心の義経を捕らえるには至らなかったが、彼が頼みとした股肱《ここう》の家人たちを相次いで失い、また彼の逃避行を助けた畿内近国の寺社にも捜索の手が及ぶに至り、義経が畿内で再起を図る可能性は失われていった。

時政の在京は、後白河院をはじめとする朝廷の人々にも概《おおむ》ね好評であったようである。頼朝の推挙によって摂政に就任する九条兼実が、時政のことを評した「近日珍物（近頃では珍しい者）」（『玉葉』文治二年三月二十四日条）というのも、その好評の一端を示すとされる。

ただし、その時政が離京する際、兼実の家司《けいし》（家政職員）源季長《すえなが》を通じて「籍《せき》」を兼実に進上したとき、兼実は「その次第笑うべしと云々《うんぬん》、田舎《いなか》の者、もっとももしかるべし。物の体《てい》、はなはだ尋常なり」と評している。「籍」とは名を記したもののことで、これを進上することとは、その相手に臣従することを意味するから、時政は頼朝が摂政に推挙した兼実に臣従の意を示したというのであろう。だがこの行動に対して兼実は、いかにも田舎者がやりそうなことであると一笑に付した。近頃珍しい者であると好感していたが、その実、普通の田舎者であったな、というわけだ。

なお、時政・時定が義経捜索のため在京活動を展開していた間、義時はおそらく頼朝の側近に仕えて鎌倉にいたと考えられる。

奥州合戦と頼朝の上洛

時政・時定らが率いる幕府御家人たちの追及を受けた義経は、味方となる武士も集まらず、また義経の挙兵を追認した後白河院も、義経の処遇をめぐる交渉で頼朝に屈服した。義経挙兵に同意したとされる近臣が処罰され、後白河院の独裁を掣肘《せいちゅう》すべく設置された議奏公卿《ぎそうくぎょう》の顔ぶれには頼朝の意向が反映されていた。それでも、もともと後白河院近臣である頼朝は、後白河院の自由な意思を完全に封じたわけではない。頼朝の推薦を受けて摂政に就任した九条兼実は、むしろ朝廷内で孤立する有り様であった。

なお、後白河院と頼朝との関係は、対立が強調される傾向があるものの、両者が対立したと見られるのは、義経の処遇をめぐるこのときくらいのものである。基本的に、頼朝は後白河院近臣としての立場を維持し、むしろそれを利用していた。

とはいえ、かくして畿内での再起が絶望的となった義経は、平泉藤原氏のもとへ逃れた。義経の逃亡先が平泉であることがはっきりすると、頼朝は平泉藤原氏に対して義経の身柄を差し出すよう圧力を加えた。

平泉藤原氏は内乱初期から頼朝の脅威であり続けてきたのだが、陸奥国は後白河院の知行国であり、平泉藤原氏はそこを現地で管理する在庁官人という関係にあった。つまり頼朝も平泉藤原氏も、後白河院に集約される人脈に組み込まれていたのだ。それに配慮していたのか、頼朝も平泉をただちに攻撃するような素振りは示していない。あるいは、平泉藤原氏の当主である秀衡《ひでひら》の後継をめぐって対立の種があることを察知していたのか、これまでも麾下《きか》の武士団や地域権力を従属させるときにはまずその内部対立を煽ったように、今後起きるであろう平泉藤原氏の内紛を利用すべく、まずは静観していたのかもしれない。

義経が平泉に入って一年もしない文治三年（一一八七）十月、藤原秀衡が死去した。秀衡の嫡男は泰衡《やすひら》であったが、その庶兄に国衡《くにひら》がいた。秀衡は自らの正室で泰衡の母を、その国衡の妻とするよう遺言していた。これは国衡と泰衡の対立を緩和するための苦肉の策であったとされる。それほど、平泉藤原氏の内部対立は深刻であったのだ。頼朝から追われて平泉に入った義経の立場も難しくならざるを得ない。

そして義経にも最期の時が訪れる。

文治五年（一一八九）閏四月三十日、頼朝からの度重なる要求に屈した泰衡は、衣川《ころもがわ》の館《たち》で義経を討った。義経は妻と娘、それに僅かな所従とともに自害して果てた。義経の最期に付き添った妻は河越重頼《かわごえしげより》の娘とされる。河越重頼は、秩父《ちちぶ》平氏をはじめとする武蔵国の武士を統率する留守所惣検校職《るすどころそうけんぎょうしき》を務めていたが、娘を妻にしていた義経が頼朝と対立するに至り、それに連座する形で殺害された。重頼の死後、留守所惣検校職は畠山重忠へ移る。重忠の妻は、北条時政の娘である。北条氏にとって義経の排除は、外孫にあたる頼家の立場を脅かす者の排除を意味し、また、武蔵国で女婿（畠山重忠）の地位を強化することになった。

義経の首は鎌倉に送られた。泰衡としては、義経の首を差し出すことで恭順の意を示し、頼朝の侵攻を回避したかったのだろう。後白河院もこれ以上の追及をやめるよう伝えた。

義経の首は和田義盛、梶原景時らによって実検が行われた。頼朝ははじめからそのつもりであったのだろう、広く九州にまで軍事動員を発して平泉藤原氏攻撃の準備を進めた。すでに平泉藤原氏を除いて敵対勢力は残っていなかったが、この攻撃に加わらない者に頼朝は厳罰で臨んだ。そして、総力を挙げて平泉藤原氏を攻撃した。

実際には奥羽《おうう》（陸奥・出羽《でわ》）に隣接する御家人が攻撃の主力を担ったようだが、このとき頼朝は祖先の源頼義の故事を持ち出し、その前九年合戦（一〇五一～六二年）の先例をなぞるようにして平泉藤原氏に戦いを挑んだとされる。頼義の時代に河内源氏の家人となった平泉藤原氏を、私的に処罰するという理屈で、後白河院の制止を振り切ったのだ。

この奥州合戦には、北条時政と義時が鎌倉から頼朝に随行して従軍しており、平賀義信や源範頼らのいわゆる源氏一門の重鎮たちのすぐ後に名を連ねている（『吾妻鏡』文治五年七月十九日条）。ここでも合戦での働きが特筆されているわけではないが、彼らの頼朝側近としての位置が示されていると見てよいのではないか。

頼朝の軍は各所で平泉藤原氏の軍勢を破って泰衡を追い詰め、泰衡は裏切った家人により討たれた。ここに平泉藤原氏は滅亡し、頼朝はすべての敵対勢力を排除することとなったのである。後白河院も頼朝による平泉藤原氏攻撃を追認し、事後であるが追討宣旨の発給を許した。

平泉藤原氏を滅ぼしたのち、頼朝は御家人を奥羽各地に配置した。論功行賞というわけだが、一方で、その直後に平泉藤原氏の遺臣である大河兼任《おおかわかねとう》による叛乱が発生している。これも鎮圧すると、頼朝麾下の御家人による強固な支配体制が構築されるに至った。以後、奥羽は鎌倉幕府にとっても重要な地域として位置付けられてゆき、歴代の陸奥守には大江広元《おおえのひろもと》、足利義氏《よしうじ》（足利氏の当主で、母は北条時政の娘）、北条義時らのほか、幕府の執権や連署《れんしょ》（執権の補佐役）およびそれに準ずる要人が名を連ねることになる。

ところで、奥州合戦の前の文治五年（一一八九）四月に義時の弟が元服を遂げている。三浦一門の佐原義連から一字を拝領し、十五歳で元服して時連《ときつら》と名乗った。この時連はのちに時房と名を改めるが、一字をもらい受けた佐原義連およびその一族との繋がりがどうなったのか、判然としない。時房は、義時・政子および泰時を補佐し、幕府の重鎮となっていく。

また、奥州合戦に先立つ戦勝祈願のため、頼朝は富士御領の帝尺院《たいしゃくいん》に田地を寄進したが、この案件を担当したのは義時であった（『吾妻鏡』文治五年七月五日条）。頼朝はそれ以前にも富士御領に田地を寄進したことがあり、そのときにも義時が担当していることから（『吾妻鏡』文治二年七月十九日条）、義時は富士山へ対応する際の窓口役であったと見られる。東国を象徴する霊峰富士山との窓口役を任されていたこと。これも、義時に対する頼朝の信頼を示す事例といえよう。

平泉藤原氏を滅ぼし、奥羽も支配下に収めた頼朝は、建久《けんきゅう》元年（一一九〇）十一月七日に上洛を果たす。頼朝にとっては、平治の乱後に伊豆国へ配流となって以来の京都である。

京都で頼朝は後白河院との会談に臨み、頼朝は権大納言・右近衛大将《うこんえのたいしょう》（右大将《うだいしょう》）に任ぜられ、その家人たち（御家人）が国家的軍事・警察権の担い手となることが確認された。頼朝とその家人たちにとって、朝廷を守護することが彼ら自身のアイデンティティであると確認されたわけである。頼朝は離京に際して両官職を辞するが、この上洛を鎌倉幕府成立の画期として積極的に評価することに本書も従いたい（上横手雅敬「建久元年の歴史的意義」）。

さて頼朝が右大将に就任したことを披露する拝賀の儀式の際には義時も随兵《ずいひょう》を務めた。頼朝の側近としての晴れ舞台である。この際に義時は、下野国の御家人の小山朝政と甲冑《かっちゅう》および直垂《ひたたれ》の色（「赤革威《あかがわおどしのよろい》甲、青筋懸丁直垂《あいすじかけちょうのひたたれ》」）を互いに揃《そろ》えるよう示し合わせた。以前から義時と約束していた朝政もこの申し出を喜び、同色の甲冑・直垂を用意したという（『吾妻鏡』建久元年十一月二十八日条）。任右大将拝賀の当日には、「随兵七騎」のなかに義時と小山朝政の名が並んでおり（『吾妻鏡』建久元年十二月一日条）、義時と他の御家人との交友関係の一端を垣間《かいまみ》見ることができるエピソードといえよう。

平泉藤原氏を滅ぼして対抗勢力をすべて駆逐し、上洛を果たした頼朝だが、すべてが平穏に運んだというわけでもない。頼朝上洛の翌建久二年（一一九一）、鎌倉は頼朝の御所や鶴《つるが》岡八幡宮《おかはちまんぐう》も巻き込まれる火災に見舞われた。このとき、義時の鎌倉の屋敷も焼亡している。

征夷大将軍源頼朝

建久三年（一一九二）は、鎌倉幕府の歴史のなかでおそらく最もよく知られた年号であろう。頼朝が征夷大将軍に任ぜられた年だからである。

この年の三月、院政を布《し》いて朝廷を主導していた後白河院が崩じた。建久元年の上洛の際、国家的軍事・警察権を担うしるしとして頼朝が権大納言・右近衛大将に任ぜられたのは先述のとおりだが、その後白河院が崩じたため、頼朝は新たな官職を朝廷に求めた。頼朝は朝廷に〝大将軍〟の称号を申請し、それを受けた朝廷内部での審議を経て、同年七月に頼朝は征夷大将軍に任ぜられた。

かつては、頼朝の宿願であった征夷大将軍就任が、後白河院の死後にようやく叶《かな》えられたと考えられていた。だが新出史料から、頼朝が望んだのは〝大将軍〟であり、その希望に沿う官職を朝廷で審議した結果、征夷大将軍に落ち着いたという経緯が明らかとなった（櫻井陽子「頼朝の征夷大将軍任官をめぐって―『三槐荒涼抜書要《さんかいこうりょうぬきがきよう》』の翻刻と紹介―」）。頼朝は必ずしも積極的に征夷大将軍を望んだのではなく、建久七年（一一九六）頃にはこれを自称することもやめてしまう（前右大将《さきのうだいしょう》を称する）。したがって、頼朝が征夷大将軍に就任したこの建久三年は、もはや鎌倉幕府成立の画期として過大に評価することができない。

そうした建久三年に、義時は妻を迎えている。幕府に仕えていた女性で「当時権威無双之《けんいむそうの》女房《にょうぼう》」と称された比企朝宗《ともむね》の娘、姫前《ひめのまえ》を妻に迎えたのである。これより前の一、二年の間、義時は姫前に好意を伝えていたが、姫前はそれを受け容れる気配がなかった。これを聞いた頼朝は、別れないことを記した誓詞《せいし》（起請文《きしょうもん》）を義時から取った上で、義時へ嫁すよう姫前に命じたところ、彼女はその誓詞を受け取った上で婚儀の運びとなった（『吾妻鏡』建久三年九月二十五日条）。頼朝は、後継者である頼家を北条氏と比企氏が協同して支えることを構想していたとされるが（元木泰雄『源頼朝』）、その構想にとっても両者の婚姻は悪い話ではない。義時は姫前との間に朝時《ともとき》、重時《しげとき》と娘（竹殿《たけどの》）を儲けることになるのだが、頼朝の死後、北条氏と比企氏は鋭く対立し、比企氏は北条氏によって滅ぼされることになる。

また建久三年八月には、頼朝と政子の間に二人目の男子が生まれている。のちに源実朝《さねとも》と名乗る千幡《せんまん》（千万とも書く）である。

この男子誕生の際、御家人六人が御護《おまもりがたな》刀を献上したのだが、義時もそこに名を連ねており、五十日百日儀《いかももかのぎ》を時政の沙汰《さた》で執り行った際には、義時が陪膳役《はいぜんやく》（儀式に使用する備品を配する役目）を務めている（『吾妻鏡』建久三年十一月二十九日条）。成長したこの千幡を、義時は執権として支えることになるのだ。

なお、時政の「腹心」で弟とされる平六左衛門尉《へいろくさえもんのじょう》時定が建久四年（一一九三）二月に京都で没している（四十九歳）。頼朝の姻戚である時政が側近として仕えたのに対し、時定はその代理として在京活動を担っていた。中世社会の武士は、このように一族内で在京と在地（時政においては在鎌倉）を分担するのが一般的であり、在京活動の担い手であった時定が没したことで、この体制も再編を余儀なくされたと考えられるが、時定の後継として当面の在京活動を北条氏の誰が担ったのかは判然としない。のちに、実朝の側近として仕える義時を支えるべく在京活動を担ったのは、弟の時房であった。その時房は承久の乱（一二二一年）ののち、甥《おい》（義時の子）の泰時とともに六波羅探題《ろくはらたんだい》を務め、以後その地位は、北条氏のみならず幕府の在京機関の長として、鎌倉の執権・連署に準ずる一族の要人が務めることとなる。

さて、内乱を収め平時へ移行していくなか、頼朝の側近が襲撃される事件が勃発する。曽我兄弟（十郎祐成《すけなり》、五郎時致《ときむね》）の仇討《あだう》ち事件である。

建久四年（一一九三）、頼朝は下野国那須野《なすの》、信濃国三原野《みはらの》、駿河国富士野《ふじの》での巻狩《まきがり》（大人数を動員する狩猟）を計画する。そして駿河国富士野の巻狩の際に、挙兵以来の頼朝の側近であった工藤祐経《くどうすけつね》が曽我兄弟によって討たれたのである。

事件は、曽我兄弟の父河津《かわづ》三郎が、一族の工藤祐経に殺害されたことを発端とする。これは頼朝の挙兵よりも前のことであり、その後、祐経はいち早く頼朝のもとに馳せ参じて側近となった一方、祖父である伊東祐親が平家家人でもあった曽我兄弟は、父の死後、逼塞《ひっそく》しつつ復讐《ふくしゅう》の機会を窺っていたようである。つまり関東で頼朝の支配権が確立する以前から伏在した同族内の対立が噴出した事件だったのだ。

頼朝は、いち早く配下に参じた者と対立関係にある者たちであっても、味方に加えながら勢力を拡大させていった。こうした対立は、頼朝存命中には伏在して顕在化しないケースがほとんどであったが、頼朝の眼前での復讐劇という形で噴出したのは非常に珍しい。曽我兄弟の仇討ち事件が注目を集めてきた大きな理由の一つであったといえよう。また、弟の五郎時致は北条時政を烏帽子親《えぼしおや》として元服したとされることや、事件後に頼朝の弟の範頼が失脚するなど、多くの影響が及んだことから、事件の背景については頼朝暗殺計画の存在なども含むさまざまな憶測を呼ぶことにもなった。

頼朝存命中に起こったこの事件は例外的といえるが、その死後にはいよいよ対立の抑制を失った坂東《ばんどう》武士団相互の抗争が立て続けに噴出し、絶えることのない内紛によって幕府は草創期以来の功労者を相次いで失うこととなるのである。それらは次章以降に取り上げよう。

頼朝の晩年

建久六年(一一九五)、頼朝は御家人多数を率いて再度の上洛を果たす。主な目的は、再建成った東大寺大仏殿の落慶法要への参列であった。治承四年(一一八〇)、平家の南都攻めにより焼失した大仏殿の復興は、永きにわたる戦乱を抑止できなかった仏法（仏教のこと）の再興という側面があった。頼朝自身と多くの御家人たちの献納によって再建された大仏殿に象徴される仏法の復興。頼朝と御家人たちは、すでに初度の上洛の際、王法（世俗権力）の守護者として位置付けられていたから、この法要によって、さながら王法と仏法とを併せて護持する存在であると見なされたであろう。

そして今回の上洛のもう一つの目的は、頼朝の娘大姫《おおひめ》を後鳥羽天皇に入内《じゅだい》させるための道筋をつけることにあった。在京中、頼朝は後白河院の寵姫丹後局《たんごのつぼね》とその娘覲子《きんし》内親王（宣《せん》陽門院《ようもんいん》）らと積極的に折衝の場を設けた。

頼朝と政子の長女である大姫が後鳥羽天皇に入内し、皇子が誕生すれば、頼朝がその外戚となることは言うまでもないが、加えて、北条氏もまたそれに連なる一族となるのだ。北条氏もまたこの入内工作に積極的であった（元木泰雄『源頼朝』）。

だがこの入内工作も、大姫が建久八年（一一九七）七月に亡くなったことで頓挫《とんざ》した。頼朝は、その後も大姫の妹である三幡《さんまん》の入内を試みたが、今度は頼朝自身が建久十年（四月に改元して正治元年。一一九九）の年明け早々に亡くなることとなった。

鎌倉幕府の歴史を伝える『吾妻鏡』は、建久七年（一一九六）から同九年までの記事が欠落している。その間、頼朝は大姫（その死後は三幡）の入内を試み、さらに再度の上洛を計画していたとされるが、それらについて具体的な動静を伝える鎌倉側の史料は限られる。

頼朝の死は、相模川《さがみがわ》での橋供養からの帰路に体調を崩したことが原因とされるが、詳細は不明である。京都の貴族の間には、急病であろうかという憶測が流れている（『明月記《めいげつき》』建久十年正月二十日条。『明月記』は歌人として名高い藤原定家《さだいえ》の日記）。

頼朝死去の報に接した朝廷では除目《じもく》（人事）が行われ、頼朝嫡子の頼家が左近衛中将に任ぜられた。すでに正五位下に叙せられていた頼家は、この就任により通常ならば摂関家嫡流にのみ許された特別な地位である五位《ごい》中将《ちゅうじょう》となった。続けて、頼朝の後継者として諸国守護を務めるよう宣下がなされた。

当時の朝廷を主導していた源通親《みちちか》（村上源氏の上級貴族）は、これらの処置を速やかに執り行うことで、頼家が頼朝の後継者であることを朝廷も公認するという姿勢を示したのである。頼朝の死が突然のことであったならば、その地位の継承にも困難が伴う。五位中将への任命と諸国守護の宣下は、頼家への権力継承を円滑なものとする朝廷側の配慮であったといえよう。頼朝の死が朝廷の一大事であるとされたように（『明月記』建久十年正月十八日条）、幕府の安定は朝廷にとっても重要な関心事であったため、頼朝から頼家の代替わりに際しては、朝廷も幕府の存続を前提として、その安定した運営が維持されるよう意図した措置がとられたのである。

だがこのような措置も、御家人間に伏在する対立を解決できたわけではない。頼朝という御家人相互の対立を抑止していた存在を失った状態で、頼家は幕府を引き継がざるを得なかった。

先述したように、頼朝は自らの乳母《めのと》であった比企尼の縁者である比企氏と、頼家の外戚にあたる北条氏が協同して頼家を支えていく体制を構想していた（元木泰雄『源頼朝』）。しかし頼朝の死後、両者は対立する。いや、伏在していたさまざまな対立が順次噴出していくことになる。その中心にいたのは北条氏であった。頼朝死後の幕府の内部対立は、北条氏が幕府内部で地位を上昇させていく過程そのものといえよう。そして義時が、いよいよ幕府政治の中心に躍り出ていくのである。

第四章　鎌倉殿源頼家と北条義時

後継者頼家

建久十年（一一九九）正月、頼朝を突如失った鎌倉幕府の後継者となったのは、頼家である。頼朝の生前から後継者と定められており、建久六年の上洛にも随行して貴族社会からも認知されていた。頼朝が死去した直後には、その当時朝廷を主導していた源通親があえて実施した除目《じもく》により、五位中将という摂関家嫡流並みの地位を与えられた。征夷大将軍に就任するのはさらに三年後の建仁《けんにん》二年（一二〇二）七月だが、ひとまずは幕府の後継者であることが公認されたといえよう。

その翌月、一条能保の家人であった三人の左衛門尉《さえもんのじょう》の武士（後藤基清・中原政経《まさつね》・小野義《おのよし》成《なり》）が、源通親の襲撃を企てたとして捕らえられ、西園寺公経《さいおんじきんつね》（親幕派の公卿）や僧の文覚《もんがく》など関係者も処罰される事件が発生した（三左衛門事件）。後鳥羽院の同母兄である守貞親王《もりさだ》を皇位に就けようとした文覚の策謀が発覚したのを契機に、源通親と対立して文覚とも親しかった一条家とその関係者が処罰されたのである（曽我部愛「嘉禄《かろく》～寛喜《かんぎ》年間の神護寺《じんごじ》復興事業と後高倉《ごたかくら》王家」）。一条家は頼朝の姻戚、後白河院近臣として地位を高めながら、能保・高能《たかよし》という当主を相次いで失っており、頼朝の死によっていよいよ退勢を免れぬ状況下で暴発した事件であった。頼朝の死によって引き起こされた不穏な事件であったが、これも、朝廷と幕府が連携して迅速な収束が図られた。

なお、このとき文覚が擁立を企てたとされる守貞親王（のちの後高倉院）は、承久の乱後、幕府の要請に応じて即位を経ないまま院政を開始するのである。

頼朝が亡くなった半年後の六月三十日には、後鳥羽院への入内が期待されていた三幡が十四歳で亡くなったのだが、この頼朝の娘の治療のため、医師の丹波時長《たんばのときなが》が後鳥羽院によって鎌倉へ遣わされていた。その治療の甲斐《かい》もなかったわけだが、後鳥羽院が医師を鎌倉に遣わしたことは、朝幕関係が悪くなかったことを充分に示しているといえよう。

この頼家のもとで、義時は鶴岡八幡宮などの寺社参詣においてその代理を務める機会が増えるなど、頼朝の時代以上に幕府内での活動が顕著となっていく。また、弟の時房も頼家に側近として仕え、蹴鞠《けまり》の会にも頻繁に参加することとなる。

頼家を新たな幕府の棟梁、すなわち鎌倉殿とする体制も再構築された。いわゆる十三人合議の体制が、建久十年（一一九九）四月に発足したのである。その面々は以下のとおりである。

北条時政、同義時、大江広元、三善康信、中原親能《ちかよし》、三浦義澄、八田知家、和田義盛、比企能員《よしかず》、安達盛長、足立遠元、梶原景時、二階堂行政《にかいどうゆきまさ》。

従来は、頼家の功績や人物像について否定的な立場をとる『吾妻鏡』の記述に引き摺《ず》られ、この体制は頼家の権力を制限するものであるとされた。だが近年では、幕府に持ち込む訴訟について、以後はこの十三人以外の人々が頼家に取り次ぐことを禁ずるというものであるとされている。

中世社会の一般的傾向として、主家の代替わりの際に、家人らは新たな当主によりあらためてその立場が保証されること（安堵《あんど》）を求めた。頼朝とて、後白河院から公認された「朝《ちょう》の大将軍」の地位を、院の死後も保証されるよう「大将軍」の地位を朝廷に求めたことは先述したとおりである。

いま、幕府に君臨する頼朝の突然の死により、全国の御家人たちがみずからの地位の確認を新主に求めるべく鎌倉に殺到することは想像に難《かた》くない。その安堵の要求を際限なく受け容れていては幕府の業務が停滞し、そこかしこで矛盾が生じる可能性があった。その結果、幕府という組織そのものへの信頼が揺らぐことにもなりかねない。

そこで、激増したであろう訴訟を整序し、頼家を補佐して審議・決裁に当たる体制が構築されたということであろう。

鎌倉殿の十三人

ではこの十三人の面々について、もう少し掘り下げてみよう。

北条時政は頼朝の舅《しゅうと》であり、義時は頼朝の「家子《いえのこ》の専一《せんいつ》（最も信頼の置ける腹心の部下）」と呼ばれていた（『吾妻鏡』宝治《ほうじ》二年閏十二月二十八日条）。中原親能は頼朝と「年来知音《ちいん》（旧知）」の関係にあり、大江広元はその義兄弟である。安達（藤九郎）盛長、足立遠元、比企能員らは頼朝の乳母《めのと》・比企尼の、八田知家は同じく頼朝の乳母であった寒河尼《さむかわに》の、それぞれ縁者であり、三善康信もいずれか不明ながら、頼朝の乳母の縁者であった。二階堂行政は頼朝の母方である熱田大宮司家の縁者である。

いわゆる東国武士の三浦義澄、和田義盛は、頼朝に挙兵当初から従っており、義澄は軍馬を管理する御厩別当《みまやのべっとう》を務めていたと見られ、義盛は御家人統制の要である侍所《さむらいどころ》別当（長官）を務めていた。梶原景時も侍所所司《しょし》（次官）を務め、義盛とともに頼朝のもとで御家人統制の要を担っていた。

このように、その出身が京都出身の中下級貴族（中原親能、大江広元、三善康信、二階堂行政）であれ東国武士であれ、頼朝との個人的な縁故関係の深い者たちがこの十三人に名を連ねていたことがわかる。そして幕府首脳部を形成していたのはこのような人々であった。

彼らにもう一つ共通していたのは、官職などを見ると鎌倉幕府の御家人のなかで数少ない諸大夫身分（四位および五位）か、それに相当する地位を認められた者たちであったことである。

北条時政、同義時、八田知家、二階堂行政、三浦義澄らの出身家からはこれ以後順次、受《ず》領《りょう》（五位相当）が輩出し、諸大夫の家格が定着していく。中原親能・大江広元や三善康信は、頼朝将軍期から諸大夫身分を認められていた。

和田義盛、梶原景時が務めていた侍所別当、同所司という役職は摂関家にも設けられており、そこでは諸大夫身分の家司《けいし》（家政職員）が務めるとされたことから、幕府においても他の御家人より高い地位（すなわち諸大夫身分）を認められていたと見られる（石田祐一「諸大夫と摂関家」）。また、後述するように両者とも幕府の内部抗争によって一族ともども滅亡するが、もし滅亡を免れていたならば、その後、彼ら自身も諸大夫に相応《ふさわ》しい官職を与えられていた可能性は高いと見られる。

安達盛長、足立遠元、比企能員らはこの時点では侍身分（六位以下）であったと見られるが、比企能員は諸大夫身分も目前の検非違使《けびいし》・右衛門尉《うえもんのじょう》を務めていた。足立遠元は安達盛長の年長の甥で、後白河院近臣の藤原光能《みつよし》とも姻戚関係を有し、一族から在京官職を経験した人物が多数輩出する、一般的な東国武士よりも家格が高いと見られる御家人であった。安達盛長は、頼朝が伊豆国の流人であった頃から、その身の回りの世話を務めていた。彼らはいずれも比企尼の関係者で、比企能員は比企尼の猶子であった（一〇〇頁の系図参照）。

さて、頼家を補佐するとされたこの十三人は、すべての御家人を代表し、あるいは彼らの利害を背負うような人々であったのだろうか。

頼朝との関係性やその身分などに照らして考えてみると、彼らは御家人のなかのごく少数の、特別な地位にある者たちであった。その彼らが、すべての御家人を代表し、あるいは彼らの利害を背負うような人々であったと評価することは難しい。

頼朝の生前にも、京都出身の中下級貴族たちのなかでとりわけ頼朝個人と縁のある人物が、彼を補佐していた。とくに、いわゆる寿永二年十月宣旨が発令されて頼朝が謀叛人の立場を脱して以降、京都からさまざまな階層の貴族たちが相次いで鎌倉へ下向した。大江広元、三善康信らがその代表だが、そのほか、頼朝と姻戚関係にある一条能保や、平家一門の平頼盛（清盛の異母弟）など上級の貴族もいた。彼らは頼朝に京都の情勢を伝えるとともに、頼朝の側近としてその政務を補佐したのである。

頼朝は後白河院近臣として伊豆国で反平家を掲げて挙兵した。彼のもとには多くの東国武士が集ったが、その政務を補佐しあるいは助言を与えたのは、このように頼朝と個人的な縁故関係のある京都出身の貴族たちであった。

頼家を補佐した十三人は、幕府の棟梁（鎌倉殿）が執り行うさまざまな政務を補佐する存在であった。その人員構成の基本は頼朝の時代の在り方を踏襲しつつ、その時代に比べれば、東国武士も数人名を連ねているという点で、幕府の政務運営に関与する人員をむしろ拡充したという面もある。

この十三人が頼家の幕府運営を補佐するものであったとすれば、ちょうど義時が頼朝の寝所近辺の警護を命じられたように、頼家の近辺に日常的に仕える側近の人々の存在も知られる。

建久十年（一一九九）四月、小笠原《おがさわら》弥太郎、比企三郎、同弥四郎、中野《なかの》五郎らの従者らが鎌倉で狼藉《ろうぜき》を働いても敵対すべきでない旨の通達が、梶原景時と中原仲業《なかなり》を奉行《ぶぎょう》（執行者）として発令された。

『吾妻鏡』にあるこの記事は、頼家に対する悪意も見え隠れするが、自らの信頼できる人々を側近に起用すること自体は珍しくない。ただし北条義時に関していえば、ここには名を連ねていないように、頼家の信頼厚い側近であったとは言い難い。

梶原景時失脚

梶原景時は、平将門と同時代に活躍した平良文《よしぶみ》（将門の叔父）の子孫で、大庭・俣野《またの》・長尾《なが お》らとともに鎌倉党と呼ばれる相模国の武士である。

石橋山合戦では平家方として参戦し、逃亡を続ける頼朝の姿を認めたものの、わざと見逃し、のちに頼朝の麾下《きか》に参じたという。頼朝のもとで侍所所司を務め、御家人統制の要として重用された。はじめは頼朝を厚く支援しながら、やがて頼朝から警戒されるに至った上総国の御家人・上総広常を、双六《すごろく》の席で討ったとされるなど、文字どおり、頼朝の懐刀《ふところがたな》といえる存在であった。その一方で、実務能力も高く評価されており、鎌倉軍が木曽義仲を破りはじめて入京を果たした際には、義経らの報告が要領を得ぬものであったのに対し、景時は詳細な戦果を記して頼朝に報告したという。その後の平家追討戦においては、土肥実平とともに播磨・備前《びぜん》・美作《みまさか》・備中《びっちゅう》・備後《びんご》の五ヶ国の守護に任ぜられている。他の東国武士にはない、西国計略に必要な経験や素養を認められていたといえよう。後白河院に近い上級貴族の徳大寺《とくだいじ》家に仕えていたため、京都とその周辺での活動経験も豊富であったと見られる。

頼朝から信頼の厚い、いわば気の利く武士であったわけであり、それゆえに頼家の第一の家人として仕え、やがて乳母夫《めのと》として重用されるに至ったのであろう。

こうした梶原景時とその一族が、頼家へ代替わりした翌正治二年（一二〇〇）に滅亡した。そのきっかけは、『吾妻鏡』によると、景時が頼朝の「無双近仕《むそうのきんじ》（並びない側近）」であった結城朝光を頼家に讒訴《ざんそ》したことにあるとされている。朝光が、頼朝の追善供養の際に「頼朝が亡くなったときに自分も出家すべきであった」、「忠臣は二君に仕えず」などとその心情を吐露したことを、頼家に対する誹謗《ひぼう》であるとして、景時が頼家に讒訴したというのである。『吾妻鏡』に記されたこの朝光の発言が事実であったとするならば、頼家の側近としてその権力移行や安定に努めたい景時としても、看過できなかったのかもしれない。だが、この景時から頼家への讒訴は、幕府に仕える女官で政子の妹の阿波局《あわのつぼね》を通じて、朝光本人が知るところとなり、朝光は他の御家人とともに景時を弾劾《だんがい》した。

この件について、九条兼実の日記『玉葉』に記された状況はやや異なる。それは、御家人らが頼家の弟千幡（のちの実朝）を主君として擁立し、頼家を討とうとしていると景時が讒言したのだが、そのことが御家人らの反発を招いたとする。

いずれにしても、景時は鎌倉の大多数の御家人からの反発を招いた。これを頼家も守り切ることはできず、景時は一族とともに鎌倉から退去する。いったんは鎌倉に戻ったようだが、やはり留まることはできず再び鎌倉からの退去を余儀なくされ、鎌倉にあった邸宅も破却された。

景時とその一族は京都へ向かったが、その途上の駿河国で討たれた。ただちに京都へも使者が遣わされ、景時の関係者らの捜索が大内惟義《おおうちこれよし》（平賀義信の子）、佐々木広綱《ささきひろつな》（近江源氏の有力武士）ら在京御家人に命じられた。また、景時の親友であるとして加藤景廉の所領が没収されるなど、諸方にも余波が及んだ。

天台座主《てんだいざす》（天台宗のトップ）を務めた慈円《じえん》（摂関家出身で、九条兼実の同母弟）の『愚管抄《ぐかんしょう》』は、この事件について「鎌倉ノ本躰《ほんてい》ノ武士カヂハラ（梶原）皆《みな》ウセニケリ」と記している。「本躰ノ武士」という表現が示すところについては意見が分かれるが、他の用例（「本躰ノ家ニナラヒテ」、「本躰ノ頼家ガ家」）も参照すると、鎌倉の主家すなわち源氏将軍家の、特筆される家人、といった意味であろう。つまり御家人の第一人者であると京都の貴族社会にも認知されていた景時を、頼家はこのときに失ったというのである。そして「コレヲバ頼家ガフカク（不覚）」、つまり景時を失ったことは頼家の落ち度であったと慈円は記している。頼家の新体制は、その要となるべき人物を発足から僅か半年で失うことになったのである。

ところで、この梶原景時一族の没落に義時をはじめとする北条氏がどのように関わったのかははっきりしない。『吾妻鏡』によれば、多数の御家人たちが景時を弾劾した際、北条氏の人物は名を連ねていない。ただし、結城朝光が讒訴されると知らせた阿波局は北条氏出身であり、京都へ向かう景時一族の追討を審議した際には、大江広元、三善康信とともに北条時政が参会している。また、景時一族が討たれた駿河国は北条氏の影響が強い国であるなど、全く無関係でもなかったことは充分に窺える。

景時一族滅亡の余波が諸方へ及んだことは先述のとおりで、景時の息子景高《かげたか》の妻は事件以前から政子に仕えており、頼朝から与えられた所領を保持していたのだが、それらについては安堵されている（『吾妻鏡』正治《しょうじ》二年六月二十九日条）。おそらくは政子の計らいによるものだろうが、これ以後も、幕府の内紛によって存立が危うくなった子女らを政子が庇護《ひご》するという事例が相次ぐことになるのである。

梶原景時一族の没落とちょうど同時期、義時の父時政が従五位下遠江守に任官した（『吾妻鏡』正治二年四月九日条）。先述のように、時政の弟と見られる時定は、すでに亡くなってはいたものの、受領の一歩手前といえる左衛門尉の経歴を有していた。時政の受領就任は、将軍家外戚に相応しいステータスが付与されたというように評価できる。大多数が衛門尉以下の官職止まり（すなわち侍身分）である幕府御家人のなかでは、一段階上の地位（諸大夫身分）が公認されたといえる。

ところで、正治三年（一二〇一）初頭には、越後《えちご》城《じょう》氏の城長茂《ながもち》が幕府追討の宣旨を求めて後鳥羽院の御所に推参するという事件があった。長茂は院御所の門を閉ざして宣旨の発給を後鳥羽院に迫ったが、許可されず行方《ゆくえ》をくらました。ただちに在京御家人に捜索が命じられ、長茂は翌月に大和国吉野《よしの》で討たれたが、その後、甥の資盛《すけもり》が越後国で蜂起した。これも佐々木盛綱《もりつな》（前出の佐々木広綱の叔父）らによって鎮圧されたのだが、この事件では、幕府に叛旗を翻した武士（越後城氏）が、後鳥羽院に幕府追討を命ずる宣旨の発給を求めたわけである。だが、それを後鳥羽院自身が拒否しているのだ。

この事件から二〇年後、後鳥羽院は北条義時追討を命ずる宣旨を発給して幕府と一戦を交えることになるわけだが、この時点ではその気配は感じられない。

そもそも、この二〇年後の承久の乱においても、後鳥羽院は必ずしも幕府を倒そうとしたわけではなく、当時の幕府を支配していた北条義時の追討を企図していたのだという点を考慮する必要もある（長村祥知『中世公武関係と承久の乱』）。その上で、この事件にも示されているように、幕府と後鳥羽院との関係は終始険悪であったというわけではないことを確認しておきたい。また、同じ時期に後鳥羽院は幕府の在京御家人を駆使して京都およびその周辺の治安維持に当たらせており、幕府もそれに協力していた。むしろ、武力衝突に至った承久の乱が特殊な状況であって、後鳥羽院の時代の幕府と朝廷との関係は良好に推移していたのだ。

頼朝の後継者頼家は、頼朝の没後三年以上を経て征夷大将軍に就任した（『吾妻鏡』建仁二年八月二日条）。これまで頼家は、幕府の棟梁（鎌倉殿）ではあったものの、将軍（征夷大将軍）ではなかった。幕府の棟梁といえば将軍であるとする認識は、まだ定着していなかったのである。

ところで、その頼家を北条氏と比企氏が協同して支えることを頼朝が構想していたとされるのは、先述したとおりである（元木泰雄『源頼朝』）。

比企氏の出自は、史料的価値に疑問なしとはしないものの、現存する関連系図ではすべて秀郷《ひでさと》流藤原氏の波多野氏の庶流に位置付けられている。波多野氏は、摂関家領相模国波多野荘の荘官であり、相模国に名字の地を持ちながら在京経験も豊富な軍事貴族であった（野口実『坂東武士団の成立と発展』）。幕府御家人のなかでは、ほかに相模国三崎荘の三浦氏も摂関家領の荘官を務めている。摂関家家司を務めていた家の出身である惟宗忠久《これむねのただひさ》（島津《しまづ》氏の初代とされる）らとともに、摂関家にも仕える御家人として、それぞれ互いに繋がりを有していた（野口実『中世東国武士団の研究』）。

この一族出身の比企尼とその夫の比企掃部允《かもんのじょう》は、頼朝が伊豆国に配流されていた頃から、武蔵国比企郡を請所《うけしょ》としてその生活を支援していた。系図集「吉見系図《よしみ》」によると、比企尼は武蔵国比企郡から「粮《りょう》」（生活に必要な物資）を運送したとあるから、この場合の請所とい

比企氏の姻戚関係

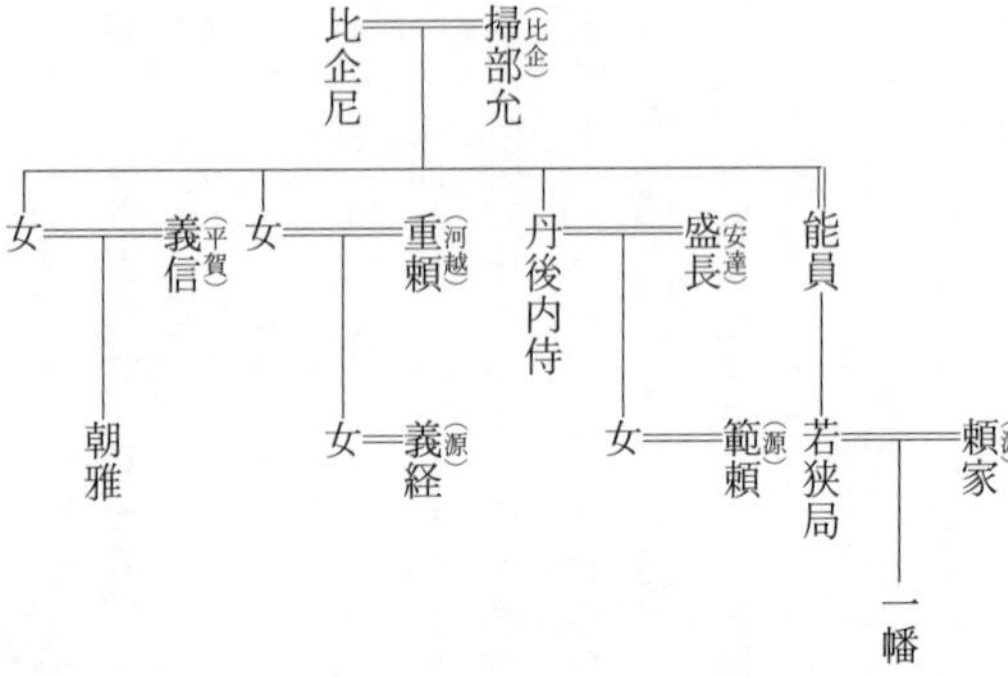

うのは、頼朝を支援するための経済基盤と理解される。比企尼は甥の能員を猶子としており、この能員は実質的に比企尼の後継者として頼朝から厚い信頼を寄せられ、頼家の乳母夫に指名された（『吾妻鏡』寿永元年十月十七日条）。

このほか、比企尼の娘丹後内侍《たんごのないし》は、伊豆国に配流中の頃から頼朝の側に仕えていた藤九郎盛長の妻となっていた。もう一人の娘は武蔵国の秩父平氏の一族である河越重頼の妻となり、さらにもう一人の娘は平賀義信の妻であった。彼らは比企尼の意向を受けて頼朝を支えたが、河越重頼については、その娘が源義経の妻となったことから、義経が頼朝に造反した際に関与を疑われて討たれている。なお、重頼とは秩父平氏の同族でありながら競合関係にあった畠山重忠は、北条時政の娘を妻としている。

さらに能員の娘若狭局《わかさのつぼね》は、頼家との間に男子（一幡《いちまん》）を儲けた。頼家は、乳母夫の一族との間にさらに強固な繋がりを持ち、より重要なことは、その後継候補まで儲けたということである。

これを北条氏の側から見れば、看過できない事態であることがわかる。

北条氏は、時政の娘政子が頼朝の妻となり、時政は頼朝の姻戚として、義時はその「家子専一」として重用された。頼朝と政子の間には頼家・千幡（実朝）・大姫らが生まれ、いまその頼家が将軍として幕府に君臨している。だがその頼家を、乳母夫の比企能員とその一族が取り巻き、さらに頼家の後継候補がその一族の血を引いて生まれた。

源頼朝の子と孫

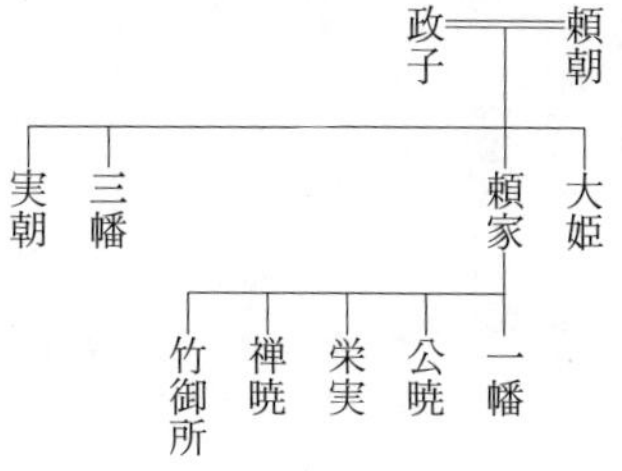

時政以下の北条氏が頼朝を支援したように、いま比企氏が一族を挙げて頼家を支援する体制を整えつつあるのだ。このままでは、北条氏は幕府での居場所を失う。そうなれば、梶原景時とその一族が辿ったように、滅亡も免れないのである。
だが、もし千幡を鎌倉殿に据えることができれば、北条氏は引き続き鎌倉殿外戚としての地位を保つことができる。ここに、北条氏が頼家および一幡と彼らを取り巻く比企氏を排斥する理由が存在する。
建仁三年（一二〇三）夏、頼家が突然の病に倒れ、にわかに悪化した。『愚管抄』にも、建仁三年九月頃に頼家が瀕死《ひんし》の大病を患ったとあるから、疑いない事実であろう。頼家は八月末に出家し、大江広元の邸宅で療養していたという。頼家は、自分が出家した後は、一幡が後継となるものと思っていたというのである。

だが『吾妻鏡』によれば、「関西三十八ヶ国地頭職」を、頼家の弟で当時十二歳の千幡に譲り、「関東二十八ヶ国地頭」と「惣守《そうしゅ》護《ご》職《しき》」を頼家の子で当時六歳の一幡に譲るということが沙汰された（建仁三年八月二十七日条）。この措置に対して、比企能員は娘若狭局を通じて、北条時政を討つよう頼家に訴え出た。千幡と一幡で頼家の地位を分割継承することを、病床の頼家は承知していなかったというのである。だがこの訴えは政子が知るところとなり、政子はこれをただちに時政へ伝えた。

政子の知らせを受けた時政は、比企能員が頼家の病に事寄せて専横の動きを示しつつあるため、速やかにこれを討つべきであると、大江広元に相談した。『愚管抄』によると、比企能員が瀕死の頼家に代わって一幡を後継にしようとしていると察知した時政は、千幡の擁立を図ったのだという。

時政は、比企能員が謀叛を企てているとして、天野《あまの》遠景《とおかげ》・仁田《にった》忠常《ただつね》に能員追討を命じた。仏事を開催すると称して比企能員にも参列を求め、そこで能員を殺害することにしたのだ。

時政からの使者に接した能員の家人らは、武装した兵士を護衛に付けるべきだと主張したが、能員はそのようなことをすればかえって不信を招くと言って、ただちに参列すると返答した。

待ち受ける時政は自らも鎧をまとい、門の脇《わき》には狙撃《そげき》のための射手を配置し、天野遠景・仁田忠常らも腹巻を着けた。能員が、警戒心を招かぬようにと武装しなかったのに対して、時政は完全武装の臨戦態勢でこれに備えたのであった。

しばらくして能員がやって来ると、たちまち討ち取られてしまった。能員の所従らが邸宅に戻ってこれを報告すると、能員の一族・郎従らは小御所《こごしょ》と呼ばれる一幡の邸宅に立て籠《こ》もったため、これを討つべく政子の命令によって軍勢が派遣された。

義時以下、小山、秩父平氏、三浦、土肥、加藤ほか多数の御家人が襲いかかり、立て籠もる比企氏の一族および関係者らは小御所に火を放って全滅した（『吾妻鏡』建仁三年九月二日条）。『吾妻鏡』によれば一幡も死亡したというが、『愚管抄』によれば、能員の親類縁者はその場で討たれたものの、一幡は母に抱かれてそこから脱出したという。

だがその一幡も、数ヶ月後には義時に捕らえられ、その亡骸《なきがら》も埋められてしまったのだということ。幼子の捜索であるが、徹底して行われたのであろうと推測されるのは、後年、義時が承久の乱のときに、敵方に対する処置として、徹底した捜索を入念に命じた書状が知られるからである（「北条義時袖判御教書《そではんみぎょうしょ》」『出羽市河文書《でわいちかわもんじょ》』）。そのなかで義時は、「いかにもして一人ももらさすうたるへく候也《そうろうなり》、山なとへおひいれられて候は丶、山ふみをもせさせて、めしとるへく候也（なんとしても一人も漏らさず討ち取れ。山などへ追い込んだならば、山ふみをしてでも捕らえよ）」、「たしかにやまふみをして、めしとるへく候（確実に山ふみを実施して捕らえよ）」、「山ふみをもして、かたきをも、うちたらんものにおきては、けんしやうあるへく候なり（山ふみを実施して、討ち取った者については首実検を行え）」などの文言を含む指示を出している。「山ふみ」というのは山狩り、すなわち山中を草の根分けて捜索することである。

大規模な合戦の後に掃討戦が行われるのは珍しいことではない。だが頻出する「山ふみ」という文言から、義時の人格の一端を窺うこともできよう。承久の乱から遡《さかのぼ》ること二〇年近く、そうした性分が、比企氏を殲滅《せんめつ》し、北条氏にとっての脅威を排除するために発揮されたのかもしれない。

頼家の失脚

小御所での騒動の後、頼家の体調は奇跡的に好転したが、ここで一幡と能員以下比企氏の全滅を知ることになった。頼家は和田義盛と仁田忠常に時政追討を命じたが、義盛は時政追討を命ずる頼家の書状を時政に知らせる一方で、頼家の使者を殺害した。『吾妻鏡』に記されたこの経緯が事実であるならば、このとき頼家は、御家人統制の要を担う侍所別当からの支持を失っていたということを意味する。

仁田忠常は頼家の近習《きんじゅう》であったが、能員殺害に際しては時政に協力していた。だがその後、頼家の御所に義時といたところを殺害されたという（『愚管抄』）。

頼家は一幡が討たれたと聞いて、傍らの太刀《たち》を取って立ち上がろうとしたものの、ただちに取り押さえられ、伊豆国に移送されて修禅寺《しゅぜんじ》に幽閉された。頼家は、翌元久《げんきゅう》元年（一二〇四）七月、同地で殺害された。

一方、鎌倉では千幡が将軍の地位を継承することが取り決められた。千幡は北条泰時・三浦義村《よしむら》（三浦義澄の子）らに警護されて母政子のもとから時政邸へ移された。そして時政の命で、諸御家人の所領を現状維持とする通知が発令された。

将軍の代替わりの際には、諸御家人が新たな主から所領の安堵を求めるものであることは先述したとおりだが、今回は比企氏の滅亡も伴う不穏な代替わりであるため、これを下知する時政は幕府の新主である千幡とともにあるという既成事実をまず整えて、然《しか》るのちにこの命を発したのである。

だがその数日後、千幡は再び政子のもとへ帰還する。千幡に同行した阿波局（千幡の乳母で政子の妹）が、時政の後妻である牧の方が油断ならぬと政子に進言したためである。幕府の次の内紛は、この牧の方を中心に引き起こされるのだが、この間の経緯を記す『吾妻鏡』は、まるでそれを暗示するかのような筆致である。

いずれにしても、政子は義時・三浦義村・結城朝光といった信頼の厚い御家人らを派遣して千幡を引き取り、成人するまで自ら養育することを時政に通告したという（『吾妻鏡』建仁三年九月十五日条）。そしてこの日、千幡すなわち源実朝を従五位下・征夷大将軍に任ずる宣旨が到来し、あらためて「関東長者」（鎌倉幕府の棟梁）とされた。

これにより、北条氏の将軍家外戚としての地位を不安定化させつつあった比企氏と、それに取り込まれつつあった頼家の両方が排除されたことになるのだ。それは単に御家人同士の勢力争いにはとどまらない、幕府の棟梁（鎌倉殿）の座をめぐる争いであったといえよう。この実現のためならば、敵対する一族（比企氏）だけではなく、現在においても時政の外孫であり、義時の甥であり、政子には実子にほかならない頼家も排除することさえ北条氏は辞さなかったのだ。なお、頼家の娘（のちに九条頼経《よりつね》の妻となって竹御所《たけのごしょ》と称される）は政子が保護することになる。

同時に、義時は、頼朝に誓詞を差し出してまで迎えた比企氏出身の姫前《ひめのまえ》とも離縁することとなった。姫前は、義時と離縁したのち、京都の貴族の源具親《ともちか》に再嫁して一子（輔通《すけみち》）を儲けたという（森幸夫『北条重時』）。

実子を失った政子と、妻を失うこととなった義時。この一件で、北条氏もまた無傷ではいられなかったのである。

かくして比企氏は滅亡し、その一族とともに頼家も幕府から排除された。

頼朝から厚い信頼を置かれ、頼家を支えることを期待された比企氏と北条氏であったが、頼朝の死後、両氏は鋭く対立するに至った。頼朝の生前は、頼朝という存在が彼らの相互対立を抑止していたのである。そもそも、地縁・結縁などが近接し合う武士は、往々にして対立し合うものなのだ。頼朝を推戴して共存する東国武士たちというイメージは、頼朝の死によって霧消する儚《はかな》い幻想に過ぎない。北条氏と比企氏が協同して頼家の治世を支えようとした頼朝の構想は、ここに頼家の失脚と比企氏の滅亡という形で破綻したのである。

第五章　実朝・政子・義時

実朝の将軍就任

頼家の排除とともに、実朝が擁立された。

実朝は頼家の同母弟で、幼名は千幡といった。建久三年（一一九二）八月の生まれである。その直前の同年七月に父頼朝は征夷大将軍に任ぜられているから、戦乱が終息してから生まれた子ということになる。ただし、頼朝が政子と頼家・大姫を伴った建久六年の上洛には随行していない。実朝は京都の貴族社会を知らないのだ。

その実朝の元服は、時政の鎌倉名越《なごえ》邸で建仁三年（一二〇三）十月八日に行われた。じつはその一ヶ月前に征夷大将軍に任ぜられており、「実朝」という名も後鳥羽院が定めたものであった。

征夷大将軍という官職について、頼朝は就任後三年ほどで辞職したと考えられることや、頼家が頼朝の跡を継いで三年半ほどの間は征夷大将軍に就任していないことなどから、これまで幕府の棟梁(鎌倉殿)とは必ずしも一致しなかった。

だが、実朝については、元服よりも前に征夷大将軍への就任が定められている。これは、彼が新たな鎌倉殿であり、それが朝廷からも公認されたことを示す上で、いち早く征夷大将軍就任という形を示すことが重要であったからだ。

とりわけ、頼家から実朝への交代の経緯が、北条氏が頼家と彼を支援する比企氏を打倒したクーデターであったという点は隠しようもない。武力による政権奪取は、武力による反撃の危険を抱え込むことを意味する。ならば一層、自らの正統性をアピールする必要があったのだ。実朝と彼を擁する北条氏にとって、速やかな征夷大将軍の宣下は重要な手続きであった。

将軍宣下と、実朝という命名。実朝は、鎌倉殿の地位を継承した当初から、後鳥羽院政の強い影響下にあったことを意味する。

先代の頼家も、鎌倉殿の座を継承した直後にはその地位を朝廷から公認されているのだが、その当時の朝廷を主導していたのは源通親であった。それに対して、実朝のときには後鳥羽院政が確立していた。その影響もより大きいものであったと見てよかろう。

なお、幕府の棟梁（鎌倉殿）が征夷大将軍ではなかった期間は、義時が活躍した時代に限ってみても短くないのである。

頼朝は、治承四年（一一八〇）に挙兵してから建久三年（一一九二）までは征夷大将軍ではなかったし、それも建久七年頃には辞任したと見られる。すなわち、頼朝の時代に鎌倉殿が将軍であったのは、この間の四年ほどだったことになる。

頼家は建久十年（一一九九）正月に頼朝の跡を継いだが、征夷大将軍就任は建仁二年（一二〇二）だった。先述したように、その翌年の建仁三年九月には出家して征夷大将軍も辞任することになるから、頼家の時代の四年ほどのうち、鎌倉殿が将軍であったのは僅か一年ほどであった。

その次の実朝は、建仁三年（一二〇三）に頼家の跡を継ぐと同時に征夷大将軍に就任し、建保七年（一二一九）正月に亡くなるまで一六年ほどこれを務めた。

実朝の死後は、その母政子が実質的な幕府の棟梁（鎌倉殿）であったと見られるが（一六五頁参照）、政子は征夷大将軍に就任していないから、実朝没後の建保七年正月から嘉禄元年（一二二五）七月に政子が亡くなり翌年正月に九条頼経が将軍に任じられるまでの間、将軍は不在であった。

つまり、頼朝の挙兵から政子が亡くなるまでの四五年間のうち、鎌倉殿が将軍だった期間は合計して二〇年ほどであり、その大部分は実朝の時代であった。

さて、その実朝の元服には、邸主の時政のほか、主だった御家人も参集した。義時も儀式の雑具役《ぞうぐやく》（儀式に必要な品を出し入れする役）を務めている。

さらにその翌日には政所始《まんどころはじめ》が幕府政所で実施された。家政機関としての政所は、三位《さんみ》以上の者が開設できることとなっていたから、この場合は厳密な意味ではそれに合致しない。あるいは摂関家嫡流並みの家格をすでに認められていた鎌倉将軍家における、新たな当主の代始めの儀式とでも解することができよう。

この儀式も、時政が実朝を介助し、儀式の次第は時政が伝授したという。元服の儀式と併せて、実朝を誰が中心となって支えるのか、人々に知らしめる儀式となったであろう。京都の貴族社会でも「祖父ノ北条ガ世ニ関東ハ成《なり》テ、イマダヲサナク若キ実朝ヲ面《おもて》ニ立テスギケル（幕府は、実朝の祖父である北条時政が実権を掌握し、幼い実朝を擁立した）」と理解されていた（『愚管抄』）。

この儀式において時政を「執権」と呼称している。この「執権」時政の初出記事をもって、時政が鎌倉幕府の初代執権であったとされる（上横手雅敬『北条泰時』）。

職制が反映された文書の検討によれば、実朝が将軍に就任した建仁三年（一二〇三）九月以降、時政が将軍実朝の意を受ける形で命令を発出する様式の文書が発給されている（北条氏研究会編『北条氏発給文書の研究　附 発給文書目録』）。従来は、将軍の命令に添え状を発給する程度であったものが、ここに大きな立場の変化を読み取ることができよう。

いまだ自立するに至らない若年の将軍を補佐、あるいは代行するのがこのときの時政の職務であり、すなわち執権の職務であると捉えることができる。

執権という職名自体については、貴族社会でも各家の家政を取り仕切る政所の長官として政所別当が置かれ、そのなかでもとくに代表する者を執権（執権別当）と呼ぶことがあった（杉橋隆夫「鎌倉執権政治の成立過程―十三人合議制と北条時政の「執権」職就任―」）。執権という職名自体は必ずしも鎌倉幕府オリジナルのものではなく、これ以後、幕府においてもその役割は変化するが、時政における執権とは、将軍の補佐や代行を務める後見役と位置付けることができる（日本史史料研究会編『将軍・執権・連署』）。実朝の外戚としてその擁立に中心的な役割を果たした時政を象徴する役職といえよう。

なお、時政が頼朝の時代から連綿と執権であったように記す『将軍執権次第』のような史料もあるが、幕府において以前から執権という職名があったところに時政が新たに就任したというのではなく、これ以後の時政の職務内容を指して執権と呼称したというように、属人的に捉えることが、実態に即していると考えられる。

また、政所始の儀式には大江広元らも家司《けいし》（政所別当）として参列している。実朝擁立には広元も同意を与えていたと見られるが、その根拠は『愚管抄』によると失脚する直前の頼家が広元邸で療養していたことである。このことは『吾妻鏡』には記されていないが、病床の頼家とともにいたとされる広元の同意なくして、頼家の排除と実朝の擁立は実現できなかったと考えられる。

さらに、鎌倉では新たに寺社奉行が定められた。その職掌は明らかではないが、鎌倉の主要な寺社と幕府との仲介役であったと見られる（『吾妻鏡』建仁三年十一月十五日条）。義時は、和田義盛・清原清定《きよはらのきよさだ》とともに鶴岡八幡宮の担当奉行となっており、以後の実朝将軍期に、義時が鶴岡八幡宮へ代参する事例が散見される。

平賀朝雅と牧の方

そしてそれに先立つ十月三日には、京都守護として平賀朝雅《ともまさ》が派遣され、西国に所領を持つ御家人とともに在京して洛中の警護に当たることが定められた。朝雅は後鳥羽院の信任を得て、その近習となっていく。それはやがて幕府の内紛を招くこととなるのだ。

この平賀朝雅は、幕府御家人のなかではじめて武蔵守となった平賀義信の息子で、当時現役の武蔵守、つまり武蔵の国内支配を統《す》べる地位にいたわけだが、その朝雅は時政と牧の方の娘婿でもあった。

鎌倉将軍家の姻戚関係（数字は将軍就任の順序）

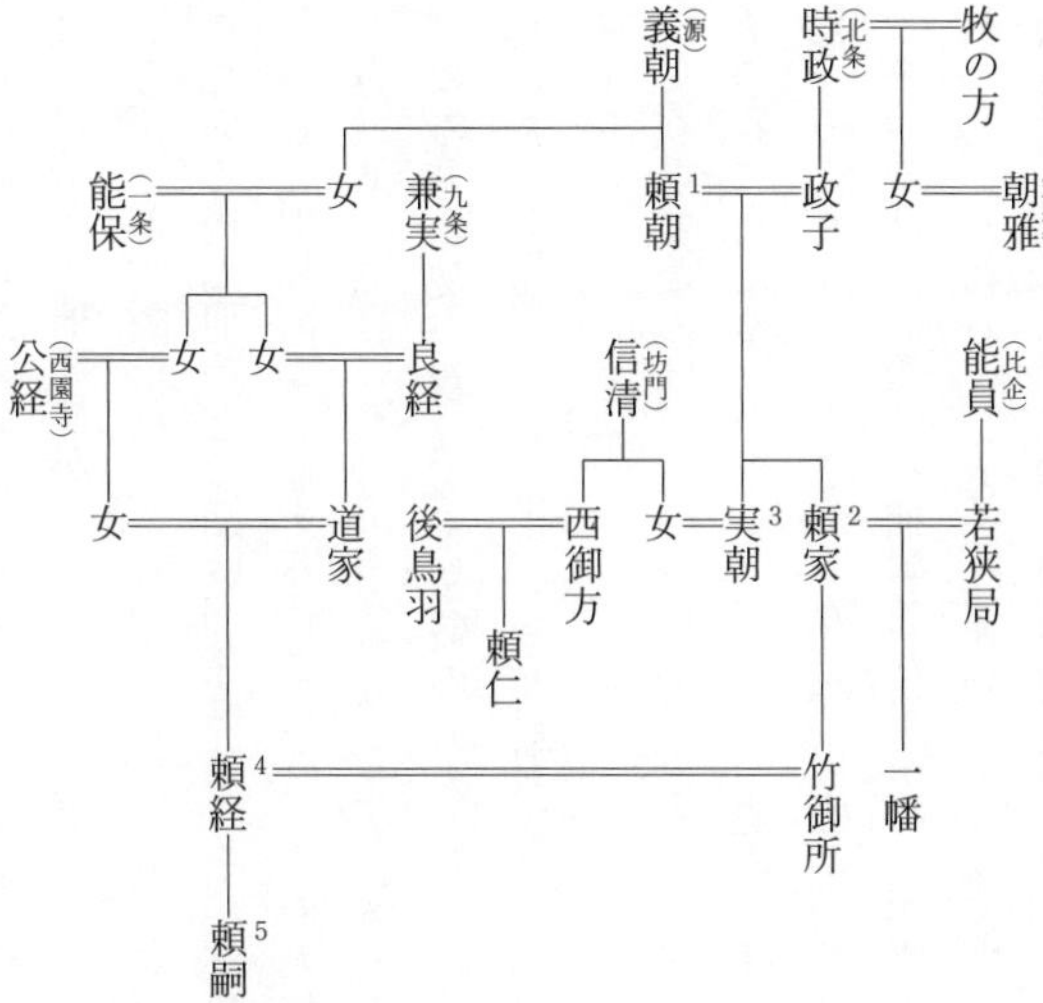

武蔵国は幕府御家人を多く抱える国で、幕府の軍事力の中核を占めていたとされる。その武蔵国の御家人らに対して、時政に忠誠を誓うよう侍所別当の和田義盛によって通達が出された（『吾妻鏡』建仁三年十月二十七日条）。このことは、幕府にとって重要な武蔵国に、時政による支配が浸透しつつあることを示している。そうすると、旧来の勢力との対立も避けられなくなる。次の幕府の内紛は、この武蔵国の支配をめぐるものであった。

とはいえ、このようにして、実朝を鎌倉殿とする幕府の新体制が始動していった。

新たな鎌倉殿となった実朝の妻には、院近臣である坊門信清《ぼうもんのぶきよ》の娘が京都から迎えられることになった。『吾妻鏡』によれば、当初は源氏将軍家および北条氏とも姻戚関係にある足利義兼《よしかね》（足利氏の当主で、前出の義氏の父）の娘が候補に挙がっていたが、実朝自身が反対して京都から迎えられることになったという。だが実際には、それよりも母（七条院殖子《しちじょういんしょくし》）と妻（西御方《にしのおんかた》）をともに坊門家から迎えている後鳥羽院との姻戚関係構築こそが重視されたと見られる。

そして実朝に妻を迎えるにあたり、その人脈を活用して大きく関与したのが、時政の妻牧の方であったという（山本みなみ「北条時政とその娘たち―牧の方の再評価―」）。

牧の方の父宗親は、平頼盛の家人として駿河国大岡牧《おおおかのまき》を知行して大岡氏（牧氏とも）を称した。「武者ニモアラズ」（『愚管抄』）とされるから、名だたる武士であったわけではないらしい。

より重要なのは、この一族が平忠盛《ただもり》（清盛の父）の後妻である池禅尼と同族で、牧の方はその姪《めい》にあたるということである。池禅尼は、保元の乱で息子の頼盛に兄の清盛と行動を共にするよう命じたとされるなど、忠盛が亡くなった後は平家の家長代行として君臨した。

平治の乱後に頼朝を捕縛した平宗清《むねきよ》も頼盛の家人であり、その頼朝の助命には池禅尼も関わっていたらしいことは先述のとおりである。寿永二年（一一八三）、平家一門が都落ちを余儀なくされた際には、頼盛が頼朝を頼って鎌倉に下向したこと、その頼盛を後見した中原清業《きよなり》は頼朝挙兵当時は相模国の目代を務めていたことなど、池禅尼周辺と頼朝との関係は夙《つと》に知られるところである。

その池禅尼の一族であり、頼盛に仕えて駿河国大岡牧を知行していたという大岡氏（牧氏）は、東国武士というよりはむしろ京都下りの中下級貴族とでも理解すべきであって、京都から鎌倉に下向して頼朝を支えた中原親能・大江広元兄弟などと同列の存在と見なせるかもしれない。

牧の方は政子より年下だったとされるが、その牧の方と時政との間に生まれた子女のうち、男子の政範は元久元年（一二〇四）に十六歳で左馬権助《さまごんのすけ》に任ぜられており、彼こそが時政の嫡男であったとされる。

では、これまで頼朝の側近として活躍し、幕府での地位も上昇しつつあった義時はどうなるのか。

政範が左馬権助に任官する直前に、義時は四十二歳ではじめての官職（相模守）を得た。相模守は左馬権助よりも格上の官職なのだが、二人の年齢は親子ほども違う。ならば同じ年齢に達したときには政範のほうがより高位を望み得ることから、政範のほうが格上、すなわち嫡男に位置付けられたと見られるわけである。

この両名の処遇について、時政や牧の方がどう考えていたのかは判然としない。これまで述べたように、義時も頼朝亡き後の幕府で一定の地位を築きつつあったから、その義時よりも遥かに若年の政範を厚遇することは、兄弟間の軋轢を招きかねない。

だが実際にはそういった事態には至らなかった。政範が夭折《ようせつ》したからだ。元久元年（一二〇四）十一月、実朝の妻となる坊門信清の娘を迎えるため、鎌倉から御家人が派遣され、そのなかに政範も含まれていたのだが、鎌倉から京都へ向かう道中より体調を崩し、滞在先の京都で亡くなった。時政と牧の方の悲嘆は一方《ひとかた》ならぬものがあったという。

政範は、本来ならば御家人として初の晴れ舞台であった実朝の妻の護衛を務めることも、そして時政の後継者となることもなかった。

畠山重忠の滅亡

さて、その政範が亡くなる前日、京都守護の平賀朝雅の六角東洞院《ろっかくひがしのとういん》の邸宅で宴席が設けられた際に、政範と同じく鎌倉から上洛していた畠山重保と平賀朝雅との間で諍《いさか》いが生じた。周囲の御家人らが宥《なだ》めたことでその場は収まったものの、両者の間に禍根を残すこととなった。

朝雅は、この元久元年（一二〇四）の初頭に伊賀・伊勢両国周辺で発生した内乱（三日平氏の乱）を鎮圧し、在京御家人の中心として後鳥羽院からの信任を得ていた。幕府御家人でありながら、院の側近である上北面《じょうほくめん》と同等、殿上人《てんじょうびと》（昇殿を許されて側近としての待遇を得た者）として遇されたという。そして先述したように、朝雅は北条時政と牧の方の娘婿でもあった。

一方、畠山重保の父重忠は、武蔵国の御家人の中心的な存在であった。

重忠は、頼朝の挙兵当初には平家方として三浦一門の籠もる衣笠城を攻撃し、族長の義明《よしあき》を自害に追い込んでいる。その後は頼朝に属して重用され、平家追討戦や奥州合戦でのめざましい活躍が『平家物語』や『吾妻鏡』にも描かれている。

また、頼朝の行列では数多くの先陣を務めたことが知られる。貴人の随兵は、武芸に優れた由緒正しい武士がとくに選ばれることになっており、その先陣を務める者はその一団を象徴する存在でもあるため、「容儀神妙、容顔美麗」すなわち立ち居振る舞いが立派で、外見も麗《うるわ》しい者が選ばれることになっていた。重忠はまさにそのような存在であった。じつは重忠も時政の娘を妻に迎えているが、その母は牧の方ではなく、義時や政子らと同母だったとされる。

先述したように、実朝の将軍就任とともに北条時政は武蔵国の御家人に対する統制を進めており、その娘婿の平賀朝雅は武蔵守の地位にあった。このことが、重保と朝雅との諍いの遠因だったと見られる。

やがて牧の方は、朝雅からの讒訴《ざんそ》を受けて、畠山重忠父子の討伐を時政に促した。時政は、義時・時房に重忠を討つよう命ずるが、この両者は、頼朝時代以来の幕府の忠臣であり、比企氏を討った際にも味方となった畠山重忠の討伐に反対する。だがさらに牧時親（牧の方の兄ないし弟）が牧の方の使者として義時を訪問し、重忠父子の討伐に反対する義時の主張は、謀叛の疑いのある重忠父子を庇《かば》うことにほかならず、あるいは時親が牧の方にへつらうため讒言を述べているとでも言うのか、と詰め寄ったという。

このやり取りの翌日の元久二年（一二〇五）六月二十二日、鎌倉に滞在していた畠山重保がまず謀殺された。謀叛人を討つためとして軍兵が由比《ゆい》ヶ浜《がはま》へ差し向けられたとの知らせにより、重保も家人を連れてその場へ向かったところ、三浦義村の命を受けた武士に囲まれて討たれたのである。

本拠である武蔵国菅谷館《すがやのたち》にいた重忠も鎌倉に向かっていたが、これを途中で迎え撃つべく、義時を大将軍とする軍勢と、時房・和田義盛が率いる別働隊がそれぞれ鎌倉から出撃した。

これまでにも義時は、頼朝の命令で平家追討戦に従軍し、政子の命で比企氏を滅ぼした戦いにも参加したほか、頼家や比企氏の残党の掃討に従事したことはあった。だが幕府が派遣する軍勢の大将軍に任ぜられるのは、このときがはじめてであった。

重忠は同日昼には鎌倉の北にある二俣川《ふたまたがわ》に到着し、そこで重保が討たれたことを聞いた。一族が各地に分散していたため率いる軍勢も少なく、家人らはいったん本拠へ戻るよう進言したが、重忠は梶原景時が京都へ逃れようとして途中で討たれたことを引き合いに出し、逃れたところで僅かな時間のみ生き延びるに過ぎないこと、またかねてから陰謀を企んでいたものと誤解を招くとして、これを拒否した。鎌倉から派遣された軍勢（そこにはかつての戦友も多く加わっていた）を迎え撃ったが、衆寡敵せず、愛甲季隆《あいこうすえたか》の放った矢が命中し、重忠は討ち取られた。享年四十二であった。

重忠の首は義時の陣へもたらされ、「年来合眼《ごうがん》の昵《なじみ》を忘れず、悲涙《ひるい》禁じがたし（長年の付き合いを忘れ去ることはできず、涙が止まらなかった）」という。重忠の他の息子たちや家人らも自害し、合戦は終わった。

秩父平氏略系図

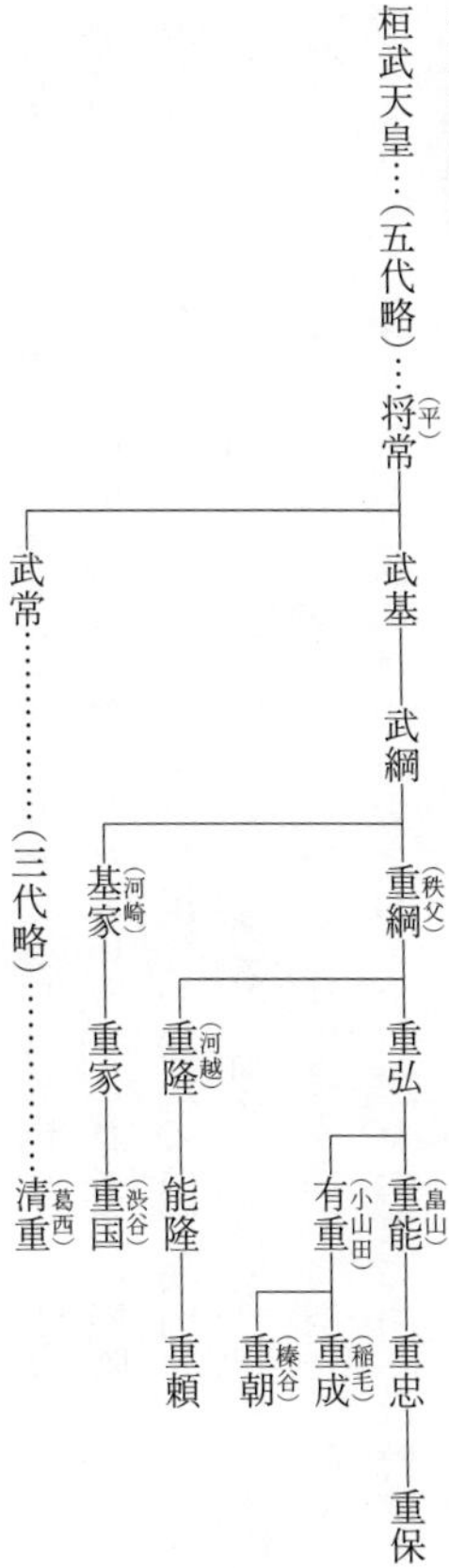

鎌倉に戻った義時は、重忠に対する謀叛の疑いは虚偽のものと断じ、讒訴によってその一族を滅ぼすに至った時政の判断を糾弾したという。これまでは義時の言動、ましてや感情的な様子をほとんど描いてこなかった『吾妻鏡』のなかでは、異例の記述である。

畠山重忠は、いわゆる秩父平氏の一族である。同族の河越重頼が、義経没落の際に与同（味方して仲間に入ること）を問われて殺害されたのは先述のとおりである。従兄弟《いとこ》にあたる稲毛重成《いなげしげなり》も、重忠と同じく時政の娘を妻としていた。ただしこちらは時政と牧の方の娘だったとされる。

平賀朝雅と畠山重保との諍いを牧の方から相談された時政は、稲毛重成と申し合わせて、重成が重保を鎌倉におびき寄せたのだという。つまり時政は秩父平氏の内部対立を利用して畠山重忠とその一族を討ったのである。

だがそれだけではない。重忠に謀叛の企てありとする通報は虚偽であったとして、重忠一族が討たれた直後に稲毛重成とその一族もまた討たれた。時政は、武蔵国の有力御家人であった二人の娘婿とその一族を、彼らの内部対立を煽る形で滅ぼすことに成功したのである。

義時・時房らはその実行に携わったものの、『吾妻鏡』によれば、この畠山重忠の排除においては、義時も時房も終始難色を示している。この点において、北条氏は必ずしも一枚岩ではなかった。

ただし、時房はのちに武蔵守に就任してこれを長く務め、その支配を通じて武蔵国は北条氏にとって重要な基盤となる。義時も時房も、このときの秩父平氏の凋落の恩恵に浴することになるのだ。

また、一連の秩父平氏との戦いにおいて、三浦一門も重要な役割を果たした。時房とともに別働隊を率いた和田義盛は、侍所別当であったことに加え、『愚管抄』には「三浦ノ長者」と称された人物である。そして、畠山重忠一族が討たれた直後に稲毛重成とその一族が討たれた折、兄の重成に与《くみ》した榛谷重朝《はんがやしげとも》らを討ったのは三浦義村であった。三浦一門が頼朝に挙兵直後から従っていたことは先述のとおりだが、彼らは当初平家方であった秩父平氏に、族長の三浦義明を自害に追い込まれたという因縁があった。この因縁も時政を利することになったのだが、頼朝の生前には抑止されていた対立が、ここでも噴出したわけである（野口実「鎌倉武士と報復―畠山重忠と二俣川の合戦―」）。

かくして、秩父平氏の中心であり、武蔵国の御家人の有力者であった畠山重忠とその一族は、内部対立を抱える他の秩父平氏ともども滅亡した。これにより、北条氏による武蔵国の支配が大きく進展したのである。

なお、重忠が二俣川で討たれたその日、義時とその妻の伊賀《いが》の方（伊賀朝光《ともみつ》の娘）との間に男子が生まれたという。のちの政村《まさむら》（七代執権。一五一頁の系図参照）である。

牧氏事件

畠山重忠ら秩父平氏が没落した直後に事件は起きた。

畠山重保と平賀朝雅との口論がきっかけとなり、北条時政とその後妻である牧の方が、畠山重忠とその一族を謀叛人として討たせたのは先述のとおりである。さらにこの後、時政と牧の方は、実朝を排斥し、京都守護を務めていた平賀朝雅を将軍として擁立しようとするが、義時・政子らがいち早く実朝の身柄を確保して時政・牧の方を失脚させるのである。

この事件は、北条氏が鎌倉幕府のなかでその地位を固める一階梯《かいてい》、そしてその北条氏内部では時政から義時への世代交代がなされたものとして理解されている。

だが、時政と牧の方の失脚に注目が集まるため見過ごされがちであるが、この事件は〝誰を鎌倉殿とするか〟が争われた事件であった。誰を、というのは、源実朝か平賀朝雅かである。以下、この両者の鎌倉殿としての適性を比較しながら、事件について検討してみたい。

源実朝は、父頼朝と母政子との間に生まれ、兄頼家の跡を継いだ現役の征夷大将軍である。後年、後鳥羽院に接近して京都の文化に傾倒し、急激な官位上昇を望むなど、ともすれば幕府の御家人社会からの乖離《かいり》があったことも指摘されてきた。

だが言うまでもなく、実朝は当初から御家人社会より乖離した存在として擁立されたのではない。実朝は、北条氏が鎌倉殿の外戚家、それに伴う有力御家人の地位を維持する上で不可欠な存在であり、これを守《も》り立てて幕府の運営を安定させることが北条氏にとっての大きな課題であった。

しかし、元久二年（一二〇五）当時十四歳であった実朝に、鎌倉殿としての役割、すなわち家人相互の利害の調停や国家的軍事・警察権の行使などを期待することは難しい。また先述のように、兄や姉、母たちが同行した頼朝の建久六年（一一九五）の上洛にも同行せず、貴族社会から充分に認知されていたとは言い難かった。

さらに、時政によるクーデターによって、いわば正統性に若干の不安を残す形で擁立されたという経緯もある。頼朝・政子の子ではあったが、現時点での実朝は鎌倉殿としての資質に不安を抱えていたのである。

一方の平賀朝雅は、元久年間にはすでに壮年に達していたと見られる。父は頼朝からも重用された源氏の重鎮・平賀義信であり、また朝雅自身は頼朝の猶子であった。妻は北条時政と牧の方の娘で、実朝の将軍就任と同時期に京都守護として赴任したのは先述のとおりである。元久元年（一二〇四）に発生した伊賀・伊勢平氏の叛乱を鎮圧した。その間、伊賀国の知行国主となり（『明月記』元久元年三月二十一日条、四月十三日条）、後鳥羽院からの信任も厚く、その弓の師範として近習に列していた（『愚管抄』）。

また、右衛門権佐《うえもんのごんのすけ》という御家人のなかにあっては高い官職を帯《たい》する朝雅は、すでに他の御家人とは一線を画す地位にあったといえよう。

すなわち、頼朝の猶子で、京都守護として公武両政権から認められた実績もあり、朝廷を主導する後鳥羽院との意思の疎通も良い朝雅は、頼朝の実子ではなかったという点を除けば、鎌倉殿の候補として好適であったといえる。つまり、頼朝と政子の子ではあるが、まだ幼く鎌倉殿としての力量が未知数であり、将軍に就任した時点では朝廷との交流もほとんど確認できない実朝に対して、頼朝の猶子で壮年に達し、すでに後鳥羽院近習や在京御家人の中心として実績を挙げている朝雅にも、鎌倉殿として一定の適性が認められるのではないだろうか。

平賀朝雅を鎌倉殿に据え、自分たちは姻戚としてそれを支えることで幕府を安定的に運営していこうとする北条時政・牧の方の構想には、充分な合理性が見出し得るのである。

だが、『吾妻鏡』によれば、時政と牧の方の策謀に対して、信頼の置ける御家人たちを指揮して現役の鎌倉殿である実朝の身柄をいち早く確保した義時・政子らが勝利することとなった（『吾妻鏡』元久二年閏七月十九日条）。政権の正統性の根源は、朝廷においては天皇であるが、ここでは現役の鎌倉殿である実朝であった。その身柄を確保することがクーデターの成否に大きく影響したのは、平治の乱などとも共通する点であったといえよう（元木泰雄

『保元・平治の乱』）。

時政と牧の方は出家し、ともに伊豆国へ追放された。なお『愚管抄』によれば、このときも三浦義村が政子に協力したという。

自らの正統性を確保した義時・政子は、間髪入れず京都へ使者を発し、在京御家人に平賀朝雅を討たせた。

また、この間『吾妻鏡』からは動向の知れない弟の時房には、朝廷への秘密裏の交渉を担当させていたと見られる。推測になるが、おそらく時房を連絡役として朝廷に申請し、時政が帯していた遠江守を解官させたと見られる（後任の遠江守には時房自身が就任）。

かくして、幕府から時政、牧の方および平賀朝雅が排除され、鎌倉殿である実朝を、政子と義時を中心とする前代以来の重臣や、実朝の擁立に協力した者たちで支えていく形がとれたのである。以後、重要案件は実朝や政子の御前で、北条義時、大江広元、三善康信、安達景盛《かげもり》（安達盛長の子）らが審議・決裁を行うという形式で幕府の運営が行われていく。

幕府の再編

頼家の時代に定められた十三人（北条時政、同義時、大江広元、三善康信、中原親能、三浦義澄、八田知家、和田義盛、比企能員、安達盛長、足立遠元、梶原景時、二階堂行政）のうち、梶原景時と比企能員は幕府の内紛によって死亡し、安達盛長と三浦義澄は元久二年（一二〇五）までに病死している。中原親能、二階堂行政、足立遠元、八田知家は、この頃になるとその活動が確認できず、それぞれ隠居のような状態であったと見られる。北条時政が失脚したのはさきに述べたとおりである。

すると残るのは、大江広元、三善康信、北条義時、和田義盛の四人である。頼家の時代に定められた十三人のうちの大部分がいまや欠員となった以上、ここに至って合議制はもはや崩壊したということができようし、一方で大部分が失われつつも、一応は維持されていたということもできよう。

目を引くのは、十三人のうちの数少ない生き残りである和田義盛だけは、以後に散見される実朝や政子の御前での審議に加わった形跡が認められないことである。それがいかなる理由によるかは判然としないが、次に幕府の内紛の中心となるのは、誰あろうこの和田義盛である。

さて、時政と牧の方が失脚した直後に、宇都宮頼綱《うつのみやよりつな》が謀叛を企てて一族を率い、鎌倉に向かっているという知らせが入った。さっそく、義時、大江広元、安達景盛が政子邸で対応を評議することとなった（『吾妻鏡』元久二年八月七日条）。

宇都宮氏は下野国の御家人であるが、頼綱の祖父朝綱《ともつな》は後白河院の下北面《げほくめん》（院に直属する下級の家人。幕府御家人のなかでは、ほかに大江広元らも名を連ねていた）にも列するなど、東国で独自の勢力を保持した一族であった。頼綱は時政と牧の方の娘を妻としていたため、その与同が疑われたのであろう。

評議の結果、同じ下野国の御家人である小山朝政に追討を命ずることになった。だが朝政は、宇都宮頼綱とは姻戚関係にあるため、防戦のためならいざ知らず、追討の命令には従いがたく、追討するというなら別の者に命じてほしいと願い出た。

その後、宇都宮頼綱が、小山朝政の添え状とともに、謀叛の意思はない旨を記した書状を義時に献上した。義時はこれを大江広元とともに検討し、返信には及ばないとした。すると、その数日後に頼綱本人が鎌倉へ参上した。髻《もとどり》を切り出家の出《い》で立ちで義時邸に来訪し、義時に面会を求めたのである。面会は叶わなかったが、頼綱は自らの髻を陳謝のしるしとして結城朝光に預けた。

頼綱への追及は沙汰止《や》みとなったが、この経緯で目を引くのは、幕府の意思決定における義時の発言力である。頼綱にとって義時は妻の異父兄であるという関係も無視できないが、追及をかわすために義時へ弁明を試みる様子は、謀叛の疑いを被った御家人の生殺与奪を握っているのがいまや誰となったのか、端的に示していると思う。

ところで、一連の幕府の内紛は後鳥羽院周辺にも影響を及ぼしていた。

後鳥羽院は、平賀朝雅を通じて在京御家人を統制し、自らの手足となって動く軍事力とすることを考えていたらしい。しかしその朝雅を幕府の内紛によって失うと、代替となる軍事的な近臣の必要性を感じたようである。もちろん幕府御家人も従来どおり動員対象としていたのだが、その一方で、幕府の影響を受けにくい軍事貴族の育成にも取り組むこととなった。そこで目を付けたのが、承久の乱でも後鳥羽院麾下《きか》の主力となる院近臣の藤原秀康《ひでやす》らであった（長村祥知『中世公武関係と承久の乱』）。もとより、後鳥羽院政下においては基本的に公武関係は協調的であって、院が組織する武力がすべて幕府を仮想敵としていたものではないが、ともあれ、幕府の内紛は後鳥羽院周辺の武力編成にも少なからず影響を及ぼしていたのである。

第六章　後鳥羽院政期の鎌倉幕府

後鳥羽院政と実朝

鎌倉幕府が後鳥羽院政下の朝廷と互いに影響し合っていることは再三述べたとおりだが、ここで後鳥羽院のことにも触れておきたい。

後鳥羽院の諱《いみな》（実名）は尊成《たかひら》という。治承四年（一一八〇）七月、高倉天皇の皇子として誕生した。母は坊門信隆《のぶたか》の娘殖子《しょくし》（七条院）である。異母兄に安徳天皇（言仁《ときひと》親王）、同母兄に守貞親王（持明院宮《じみょういんのみや》、行助入道《ぎょうじょ》親王、後高倉院）がいる。兄の安徳および守貞親王が、平家とともに都落ちしていった一方で、尊成親王はともに都に残った後白河院のもとで寿永二年（一一八三）に践祚《せんそ》した。平家が擁する安徳に代わる天皇として立てられたことになる。このとき、皇位を象徴する三種の神器は平家に持ち去られたままだったため、それらを欠いたまま践祚することを余儀なくされた。

践祚の直後には、平家を都落ちに追い込んだ木曽義仲の襲撃に遭う。寿永二年十一月、以仁王の皇子（北陸宮《ほくりくのみや》）の即位を図って早くから後白河院と対立していた義仲が、後白河院の御所である法住寺南殿を襲撃したのである（法住寺合戦）。法住寺南殿は精強な義仲の軍勢に蹂躙《じゅうりん》され、同所にいた後鳥羽も池の船底に身を潜めて難を逃れたという（『平家物語』）。数え四歳の記憶は、後鳥羽の人生にいかなる影響を与えたであろうか。

元暦二年（一一八五）、壇ノ浦合戦で平家とともに安徳天皇も海中に没したため、内乱に伴って分裂した皇統も後白河院のもとで統合され、後鳥羽天皇は王家正統の地位を得た。それは後鳥羽が受け継いだ最も大きな遺産であったといえよう。その一方で、安徳とともに海中に没した三種の神器は、直後から捜索が続けられたものの、剣だけはついに回収することができなかった。

建久九年（一一九八）正月には長子の土御門《つちみかど》天皇に位を譲って院政を開始した。

院政期においては、院が軍事動員権を掌握し、京武者を動員して京都やその周辺の治安維持を図るのが一般的であった。主に京都周辺で頻発する強訴《ごうそ》など、寺社関連の紛争に対処するためである。鎌倉幕府成立後に院政を開始した後鳥羽院も例外ではなく、幕府の置いた京都守護の率いる在京御家人を院が動員し、彼らが院の軍事力の主力を占めた。幕府が京都やその周辺の治安維持に責任を負っていたのである。

やがて後鳥羽院は、京都守護を務めていた平賀朝雅を側近として武力編成の中心に据えようとし、朝雅もその期待に応える働きを示した。だが先述したように、元久二年（一二〇五）にその朝雅を幕府の内紛が原因で失うと、幕府の影響を受けない独自の武力編成が必要であるとの認識に至ったと見られる。幕府御家人を動員する体制は継続しつつ、幕府の内紛に左右されない独自の武力の育成・編成にも着手した。その中心にいたのは藤原秀康らであり、彼らは西面《さいめん》の武士と呼ばれるようになる。

王家略系図②（数字は皇位継承の順序）

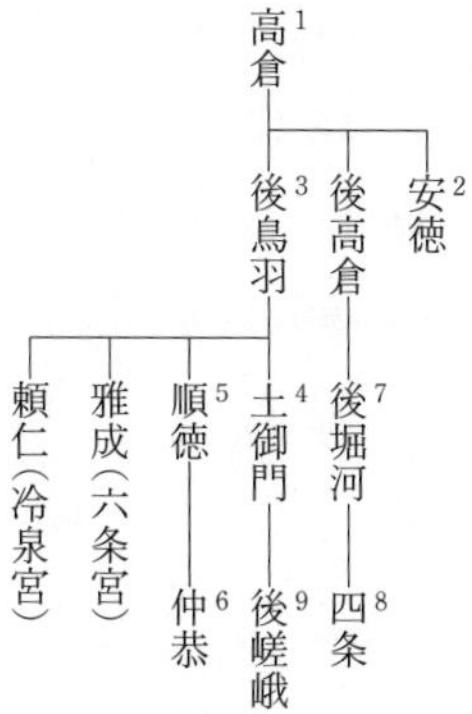

編成の経緯からもわかるように、西面の武士をはじめとする後鳥羽院の武力は、当初から幕府打倒を目的として編成されたものではない。そもそも、後鳥羽院政は幕府と親和性の高い政権であった。

源頼朝が建久十年（一一九九）に亡くなると、後鳥羽院はその後継者の頼家をただちに五位中将の地位に就けている。これは通常ならば摂関家嫡流にのみ許された特権的な地位で、源氏出身者に認められるのは、平安時代後期の公卿で村上源氏の源雅俊《まさとし》以来で約一世紀ぶりのことだった。源氏将軍家を継承する頼家にこの地位を認めたことは、幕府の新たなリーダーとして積極的に公認したことを示すといえよう。

また、建仁元年（一二〇一）に越後城《じょう》氏が後鳥羽院に対して幕府追討の発令を求めて院御所に推参したときも、後鳥羽院はこれを拒否している。

頼家は幕府の内紛によって失脚し、実朝がその跡を継いだ。実朝と後鳥羽院は、ともに坊門信清の娘を妻に迎えた関係から、義理の兄弟の関係にあった（一一五頁の系図参照）。やがて実朝の側近にも、後鳥羽院やその周辺と関係の深い人物（源仲章《なかあきら》、同光行《みつゆき》など）が登用されていく。

この時期の幕府と朝廷および荘園領主との関係を示す事例がある。

伊勢神宮祭主《さいしゅ》（伊勢神宮の神官の長で、在京する上級貴族である）の大中臣能隆《おおなかとみのよしたか》が、その家人で幕府御家人でもある加藤光員《みつかず》が神宮領を押領し、さらに能隆に断りなく検非違使《けびいし》に就任したことについて幕府に抗議を申し入れた。

義時、大江広元、三善康信が審議し、神宮領の押領は禁ずるべきだが、光員が検非違使に就任したのは、西面の武士として仕えている後鳥羽院の計らいによるものだから、幕府が口出しできることではないという結論に至った（『吾妻鏡』建永《けんえい》元年五月六日条）。

その後、広元が大中臣能隆の主張に基づいて加藤光員に聞き取りをしたところ、能隆から与えられた職（伊勢国道前《みちのさき》郡政所職《まんどころしき》）については能隆の意向に従うが、知行している伊勢神宮領は開発所領を神職に寄進したものだから、押領にはあたらないと弁明。よって幕府は、沙汰には及ばないと決した（『吾妻鏡』建永元年五月二十四日条）。

御家人である武士が、院や中央貴族など複数の主《あるじ》に仕えることは一般的であった。加藤光員が、幕府御家人、後鳥羽院西面、および伊勢神宮祭主の家人という三つの異なる地位を兼ねていたのは、この時代に全く珍しいことではないのだ。その上で幕府が規制するのは、御家人による荘園領主への不法な押領行為（所領の侵害や年貢の滞納など）であって、その御家人が院や荘園領主から得た所領や官職については介入しなかった。

荘園領主からの不当な扱いに対しては御家人の保護を図るが、御家人が荘園領主の領分を不当に侵している場合はこれを処罰した。また、御家人であっても幕府が関与しない領域での行動に対しては、幕府はこれを静観した。

ただし、必ずしも御家人という立場に関わりのない案件についても、その人物の命令権者である幕府に事態の解決が期待されて申し立てが持ち込まれることもある。大中臣能隆が、加藤光員の検非違使就任を幕府に対して抗議したことがまさにこれにあたる。一方、幕府御家人から荘園領主等を訴える申し立てがなされる場合もある。上総国の在庁官人ら（幕府御家人も多く含まれるはずである）が、後鳥羽院に仕える上総介藤原秀康の使者の横暴を幕府に訴え出た。だがこれは「関東御計《おはからい》（幕府の領分）」ではないとして、朝廷に訴え出るよう指示している（『吾妻鏡』承元《しょうげん》四年七月二十日条）。上総国の在庁官人としては、幕府が自分たちの利益を守ってくれる存在であると認識して申し立てたのに、幕府は、上総介を任じた後鳥羽院へ訴え出よとこれを退けたのである。これらさまざまな訴えをただちに受理あるいは拒否するのではなく、まずは事実関係を確かめた上で、権限に応じて適切に対処するというのが、幕府の基本的な方針であった。

これが、通俗的に流布する鎌倉幕府の〝武士による武士のための政治〟の内実である。

この時期のあるときに、義時が武芸を疎《おろそ》かにしがちな実朝に対して、武芸を盛んにすべきであると諫言《かんげん》したことから、将軍御所で弓勝負が行われることになった。その後の宴席で、再び義時と大江広元が実朝に行った諫言には、この当時の鎌倉幕府の自己認識が端的に表現されている。すなわち、「武芸をこととなし、朝廷を警衛せしめたまうは、関東長久の基《もとい》たるべき（武芸に励み、朝廷を護持することが鎌倉幕府繁栄の基礎である）」というのである（『吾妻鏡』承元三年十一月四日・同月七日条）。幕府は国家的軍事・警察権を担う権門として、朝廷を支えることが自らの繁栄に繋がる。だから武芸に励むべし、というのだ。

ともすれば、実朝が武芸を蔑《ないがし》ろにしていたのは京都の貴族文化への憧憬《しょうけい》からだと捉えられがちであるが、この義時による諫言によれば、軍事権門である幕府の棟梁（鎌倉殿）として、武芸に励むことが朝廷への奉仕を貫くことに繋がるのだ。そしてそれこそが幕府の繁栄の基礎にもなる、ということから、京都（およびその文化）への接近と武芸の励行は、必ずしも矛盾しないことになる。義時や大江広元らがしばしば実朝に武芸を奨励したことは事実だが、それは後鳥羽院率いる朝廷への反発や対抗、あるいは幕府の独自路線などを示すためのものではないのだ。

実朝将軍期の幕府運営

建永元年（一二〇六）六月十六日、政子の御所で七歳になる頼家の遺児の着袴《ちゃっこ》の儀が行われた。着袴の儀は、幼児がはじめて袴《はかま》を着ける、七五三の祝いの源流となった儀式である。遺児の名は善哉《ぜんざい》、のちの公暁《こうぎょう》である。公暁という法名については、師である園城寺の公胤が「こういん」であることから、「こうぎょう」（または「こうきょう」）と読むべきとする見解に本書も従いたい（坂井孝一『鎌倉殿と執権北条氏』）。

この幼児は、その後実朝の猶子として鶴岡八幡宮寺の別当尊暁《そんぎょう》の弟子となり、園城寺での修行を経て定暁《じょうぎょう》のもとで出家し、建保五年（一二一七）六月に鶴岡八幡宮寺の別当に就任する。いずれも政子の計らいであった。だがこの着袴の儀から一三年後、実朝を殺害することになるのだ。

この儀式では、義時の息子たちが給仕役である陪膳《はいぜん》を務めている。実朝将軍期の幕府では、義時の存在感が上昇していった。

　頼朝期以来の御家人である天野遠景が、恩賞を求めて義時に款状《かじょう》（嘆願書）を預けるということがあった。天野遠景は伊豆国の出身であるが、後白河院北面にも名を連ねていたとされ、平家追討後には九州の管理を担う鎮西奉行に任ぜられるなど、頼朝の懐刀として活躍した御家人であった。頼朝の挙兵以来の勲功が記されたこの款状は、大江広元を通じて実朝に上申された（『吾妻鏡』建永二年六月二日条）。将軍への取次を十三人に限定するという制度は、その人員を大幅に減らしながらも一応は存続していたと見られる事例であるが、それよりも、義時より年長で幕府内での実績にも勝るはずの天野遠景が、いわば格下の義時に実朝への取次を依頼するという図式は、この頃の幕府内で義時の地位が相対的に上昇していたことを示しているといえるのではないだろうか。

　このように、実朝将軍期の幕府でその運営の中心を担うことになった義時は、父の時政が伊豆国に追放されたとき、「執権」を承ったとされる（『吾妻鏡』元久二年閏七月二十日条）。また、それ以前は時政が「執権」であったとされる（『吾妻鏡』建仁三年十月九日条）。ゆえに、時政を鎌倉幕府の初代執権、義時を二代目の執権とし、三代目の泰時以降に継承される職名として理解することが通例化している。

　だが時政・義時の時代の幕府と、次代の泰時以降の幕府とでは、その運営形態も大きく異なる。時政の時代には頼朝が存命であったし、その時政と頼朝の関係は、頼家および実朝との関係とも異なる。それは義時と実朝との関係も同様であった。

承久の乱後の泰時の時代には、そもそも源氏将軍がおらず、北条氏と姻戚関係もない幼少の摂家《せっけ》将軍である九条頼経（関白《かんぱく》九条道家《みちいえ》の子で、頼朝の遠縁。一一五頁の系図参照）を支えるという体制が組まれることになる。そのような体制は、もちろんそれ以前とは全く別物である。とくに泰時の時代には、幕府の最高意思決定と御家人の利害調停を行う評定衆《ひょうじょうしゅう》が置かれた。これは、本来ならば鎌倉殿が担う役目を、複数の御家人による評議で決する機関であり、執権（および連署）は「理非決断之職《りひけつだんのしき》」（『吾妻鏡』貞永《じょうえい》元年七月十日条）としてこれを主導するものとされた。

つまり、従来は幕府の棟梁が専権的に決裁した事柄について、組織的に対処する仕組みが整備されたわけであり、泰時以降の執権（および連署）は、それを主導する役職であると位置付けられた。

だから、これらの機関が未整備であった時政・義時の段階の「執権」を、泰時以降のそれと、単純に比較することもできないのである。

時政を「執権」と呼ぶ記事の初出について論じた箇所でも述べたように（一一二〜一一三頁参照）、この頃の執権というのは、いまだ確固たる役職として位置付けられてはおらず、あくまでも属人的で、その地位はなお流動的なものであった。

とはいえ、義時が従来の時政の地位に取って代わったということはできるし、それに伴い幕府における義時の地位が上昇したことは、先述のような事例からも窺い知れると思う。そしてこのような義時の地位上昇は、幕府内部の身分秩序のバランスにも揺さぶりをかけたものと見られる。

承元三年（一二〇九）五月、侍所別当である和田義盛が上総国司、すなわち上総介《かずさのすけ》への推挙を実朝に求めた。上総国は、親王任国《しんのうにんごく》といって国の長官《かみ》は親王の名誉職である太守《たいしゅ》が任ぜられる慣例であった。実質的には介が国司の長官を務めた。

鎌倉幕府が国司の長官として推挙するのは、源氏一門に限られるというのが頼朝以来の慣例であった。因幡守《いなばのかみ》となった大江広元、筑後守《ちくごのかみ》となった八田知家や、遠江守となった北条時政および時房、さらに相模守となった義時の例があるものの、大江広元と八田知家はおそらく幕府の推挙によらない任官であり、北条氏は源氏将軍家の外戚家であった。

そのようななか、侍所別当の和田義盛が受領の地位を欲し、実朝に朝廷への推挙を求めたのである。義盛の官職はこのとき左衛門尉だったから、当時の武士の一般的な昇進ルートとしては、さほど無茶な要望であったともいえない。だが、義盛の父や兄弟のなかで受領に就任した者はいなかった。つまり直近の一族に受領就任の先例はなかったのだ。何事も、先例を突破するのは難しい。

この件を実朝から相談された政子は、侍（一般の御家人）に受領就任を許さないことは頼朝の時代に決められたことであって、その先例を改めるというならば、女性の自分が口出しするには及ばない、として返答を断った（『吾妻鏡』承元三年五月十二日条）。

それでも実朝は、和田義盛の要望を内々に朝廷へ打診する。期待を持たされた義盛は大いに喜ぶが、しかし、果たせるかな上総介に就任したのは後鳥羽院近臣の藤原秀康であった。この秀康の使者と上総国の在庁官人（大部分は幕府御家人のはずである）がトラブルを引き起こしたのは先述したとおりである。

三浦一門の「長者」と目された和田義盛による受領就任の要求は、一族内でのさらなる地位上昇を目論《もくろ》んでのことであったとされる（山本みなみ「和田合戦再考」）。またあるいは、受領への推挙は源氏一門のみとされながら、先述のように近年は北条氏からも数名の受領就任者が出たことから、要求する義盛の心理的障壁も取り払われたのかもしれない。

一方、同じ頃に義時が自らの家人たちを侍、すなわち一般御家人に準じて遇するよう実朝に求めている（『吾妻鏡』承元三年十一月十四日条）。これも却下されているのだが、自分に仕える者の地位を高めるよう要求することは、自らの地位を高めることを要求するに等しい。あるいは、これまでの経緯で高揚した自分の地位を、既成事実化したいという要求と読み取ることもできよう。

和田義盛と義時、彼らの要求は、『吾妻鏡』で確認できる限りいずれも却下されたのだが、草創期以来の鎌倉幕府内部の秩序が変動しつつあったことが印象付けられる出来事であったということはできよう。なお、義時の家人らは、のちに幕府御家人と同等の働きを見せており、北条氏による幕府運営を支えていくことになる。

その翌年の承元四年（一二一〇）元日、鶴岡八幡宮への奉幣《ほうへい》が近年廃《すた》れていたのを、頼朝の時代にならって再興したとする記事は、幕府内部の秩序が変動しつつあることへの、ある種の揺り戻しのような動向なのかもしれない（『吾妻鏡』承元四年正月一日条）。なお、その奉幣の使者は義時が務めている。

そうしたこの時期の幕府に将軍として君臨する実朝の様子を描いた逸話がある。

相模川に架かる橋が数間《すうけん》にわたって朽損しているため、修理すべきであると三浦義村が報告した。相模川は、相模国のほぼ中央を北から南へ流れて海へ注ぐ大河川であり、それ自体が重要な流通路であったが、そこに架かる橋もまた交通の要衝であった。

建久九年（一一九八）に稲毛重成が橋を新造した際、その落慶供養に参列した頼朝は、帰路に落馬し、それから程なく没したという。そして、新造を請け負った稲毛重成もまた、幕府内の抗争で落命することになった。これらの先例を踏まえて、三浦義村の報告を審議した義時・大江広元・三善康信は、橋はすぐに再建しなくてもよいのではないかと実朝に答申した。

その答申に対して、実朝は以下のように答えた。父頼朝の死は挙兵ののち約二〇年、官位を極めた末のことであった。また、重成は自らの不義（同族の畠山重忠を陥れたこと）で天罰を被ったのであろう。架橋は無関係だから、不吉などというべきではない。相模川の橋は、二所詣《にしょもうで》（伊豆山《いずさん》神社、箱根《はこね》社および三島社への参詣）の要所であり、人々の往来にも便利である。だから破損してしまわぬよう、速やかに修復するように、と（『吾妻鏡』建暦《けんりゃく》二年二月二十八日条）。

義時らの答申は、いわゆる縁起の良し悪《あ》しを先例から考慮したものであろう。これはこれとして理解できる意見だが、それよりも、ここに記された実朝の意見は、現代的な価値観からすると至って合理的な判断だといえるのではないだろうか。縁起の良し悪しのような見えざる脅威を忌避するよりも、現実の利便性を優先すべきである、というわけだ。経験豊富な幕府の宿老たちの意見を冷静に抑え、合理的な判断を示す鎌倉殿としての姿がそこには描かれている。

だが、『吾妻鏡』を記し、そして読んだであろうこの時代の人々は、この記述をどう捉えたのであろうか。

このやり取りは他の史料で裏付けを取ることができないため、これをそのまま事実として受容するわけにはいかない。だが、実朝をこのような存在として描こうとした『吾妻鏡』の編纂者《へんさんしゃ》の意図がここに込められていると理解することはできる。実朝の末路のことも承知していたであろう『吾妻鏡』の編纂者の意図が、である。

現代社会の感覚からすると合理的な判断を下す将軍として描かれていた実朝の末路は、二十八歳の若さでの横死であった。

和田合戦

鎌倉を揺るがす事件のきっかけは、建暦三年（十二月に改元して建保元年。一二一三）二月、信濃国出身の安念《あんねん》法師が千葉成胤《なりたね》（千葉胤正の子で、常胤の孫）により捕らえられたことにあった。

法師の身柄は義時に引き渡され、その白状によって各地で謀叛人が拘束された。信濃・越後・下総・伊勢などの国々に及ぶ、共犯とされる者も含めれば三〇〇人を超える者たちの身柄を捕らえるよう、諸国の守護に命じられたのである。小山朝政、二階堂行村《ゆきむら》（二階堂行政の子）、結城朝光といった実朝・政子の信頼が厚い御家人のほか、金窪行親《かなくぼゆきちか》、安東忠家《あんどうただいえ》という義時の家人らもこの件の奉行を務めた。

多数の謀叛人が拘束されたというこの事件の発端は、信濃国の泉親衡《いずみちかひら》が頼家の遺児（のちの栄実《えいじつ》。一〇一頁の系図参照）を擁して義時を討とうとしたものであるという。二年前の建暦元年（一二一一）頃より準備を進めていたものであるとする。

三浦一門略系図

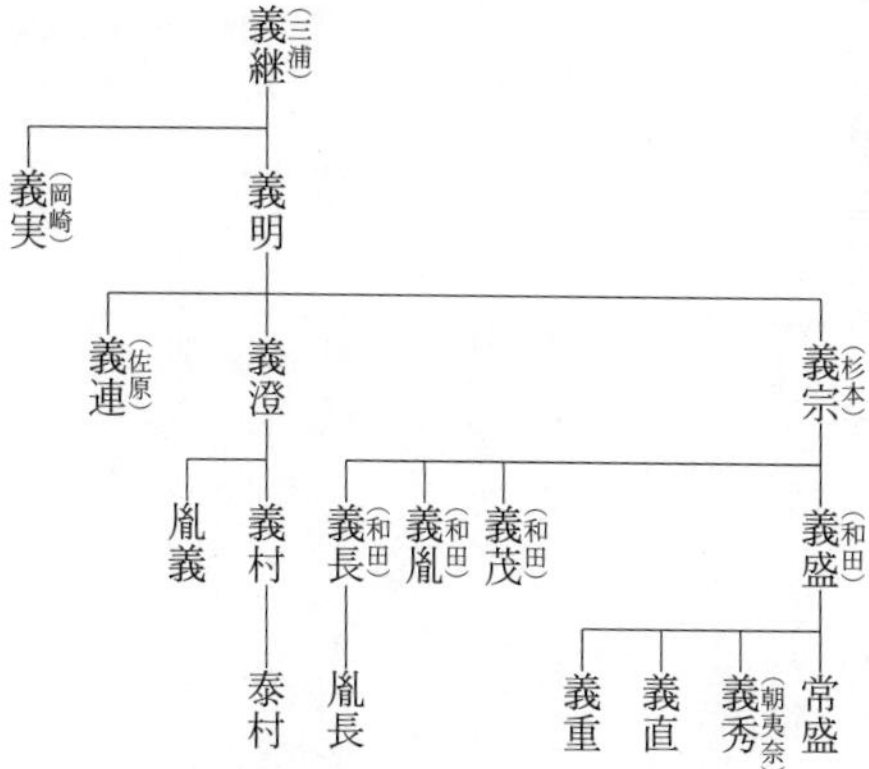

信濃国は、頼家の姻戚であった比企氏がかつて目代と守護を務めており、その影響が残るとされる国であった。実朝が鎌倉殿として擁立される際に、頼家も比企氏も排除されたことは先述のとおりだが、その関係者は残存していたのであろう。

さて、身柄を拘束された者たちのなかに和田義直《よしなお》・義重《よししげ》・胤長《たねなが》がいた。いずれも伊豆国の御家人の伊東氏により拘束された義直と義重は、幕府侍所別当の和田義盛の息子、義時の家人の金窪行親と安東忠家により拘束された胤長は、義盛の甥である。

義直・義重については、義盛が実朝に直訴したことですぐに赦免された。

義盛は、さらに胤長の赦免も求めて一族九八人を引き連れて御所へ参上したが、胤長の拘束は解かれることなく、義時が処罰を命じ、金窪行親、安東忠家によって二階堂行村に引き渡された。この際、胤長は一族の前で面縛《めんばく》（両手を後ろ手に縛り、顔を前に差し出し晒すこと）の屈辱を受けた。拘束した胤長に恥辱を与えたことに加え、眼前の彼を救うことができない無力感を義盛以下の和田一族に与えたことになる。『吾妻鏡』によれば、このとき義盛に謀叛の気持ちが萌《きざ》したという（『吾妻鏡』建暦三年三月九日条）。この日から、義盛は幕府への出仕をやめてしまう。

和田胤長の処罰を命じた義時は、荏柄社《えがら》（荏柄天神社の前身）前の没収された胤長屋敷地を拝領し、これを家人である金窪行親と安東忠家に与えた。義盛は、罪人となった胤長屋敷地の拝領を望んでいたが叶わず、いよいよ叛逆の気持ちを抑えられなくなったのだという。出仕をやめていた和田義盛の真意を知るため、実朝は宮内公氏《みやうちきみうじ》を使者として義盛邸に遣わした。公氏を出迎えようとした際に、義盛がかぶっていた烏帽子《えぼし》が落ちた。ちょうど、斬《き》られた首が落ちるように。それを見た公氏は、たとえ義盛が謀叛を起こしても敗れ去るであろうと直感したのだという（『吾妻鏡』建暦三年四月二十七日条）。

先述したように、結った髻《もとどり》を隠す烏帽子は成人男子の象徴ともいえる装いであり、これを奪われることは大変な恥辱を与えられるに等しかった。公氏の感慨ももっともだが、かぶっていた烏帽子が落ちるというのは、中世社会においてはただ事ではないのだ。

それはともかく、和田義盛は自身の不遇と、謀叛の意思のないことを公氏に語った。その一方で、のちに義盛に味方する横山《よこやま》党の古郡保忠《ふるごおりやすただ》や、義盛の息子で武芸に秀でた朝夷奈義秀《あさいなよしひで》らが列座しており、さらに武器を用意してもいたという。

宮内公氏は和田義盛の陳述を実朝に報告し、義時もまた御所に参上した。そして義盛の謀叛は明らかであるとして、鎌倉中の御家人を御所に召集した。

その夜、再び実朝の使者として、今度は若狭忠季《わかさただすえ》が和田義盛のもとへ遣わされた。実朝は挙兵を思いとどまるよう伝えたが、義盛は、実朝に怨《うら》みはないものの、義時の振る舞いが傍若無人であるのを実朝自身がどう考えているのか直接聞いてみたいといきり立つ若い衆を、もはや引き留めることができないと答えたという。『保暦間記《ほうりゃくかんき》』（南北朝時代の成立とされる歴史書）には、「義盛ガ子朝印南《あさいな》三郎義秀、和田四郎義胤《よしたね》、同平太胤長、（中略）泉小次郎等、頼家将軍ノ二男千寿丸《せんじゅまる》殿ヲ取立《とりた》テ謀叛ヲ起《おこ》シ」というように、義盛の息子たちが頼家の遺児（のちの栄実）を擁して謀叛を企て、義盛もこれに「同意」したとある。義盛と実朝との関係は良好であったとされるものの、その実朝を取り巻く義時らの排除を目論んで、義盛の一族たちは味方を募っていたようである。

そして実朝が擁立されるとともに排除された頼家の遺児が、それらの結集の核と目されていたというのだ。つまり和田合戦もまた、鎌倉殿の座をめぐる抗争という側面を有していたのである。

和田義盛一族をめぐる状況が緊迫するなか、義時は息子の朝時を駿河国から呼び戻した(『吾妻鏡』建暦三年四月二十九日条)。朝時は、義時と比企朝宗の娘との間の子で、これよりちょうど一年ほど前に、実朝と義時の勘気を被って駿河国富士《ふじ》郡に蟄居《ちっきょ》していたのだ。朝時が、将軍御所に仕えていた女性(京都から下向していた佐渡守親康《さどのかみちかやす》の娘)に恋慕して、彼女を強引に連れ出そうとしたため、実朝と義時がこれを咎《とが》めたのだという。朝時は、和田合戦における将軍御所での攻防で、和田方の朝夷奈義秀を相手に奮戦した様子が『吾妻鏡』に印象的に描かれている。

そして建暦三年(一二一三)五月二日の昼過ぎ、和田義盛率いる軍勢が、三手に分かれて将軍御所と義時邸、および大江広元邸を襲撃した。

その直前に、三浦義村の通報によって政子と実朝室は御所の北門から鶴岡別当坊へ避難していた。じつは、義村は和田方として北門からの攻撃を分担していたのだが、襲撃の直前に翻意し、義盛の計画を御所に知らせたのである。襲撃を受けた将軍御所では、義時の息子の泰時・朝時、さらに足利義氏(足利氏の当主で、母は北条時政の娘)らが防戦に努め、実朝は将軍御所の裏山の頼朝の墓所である法華堂《ほっけどう》へ逃れた。

和田義盛らは、実朝およびその妻や政子らの身柄を確保して自らの挙兵の正当性を担保する計画であったようだが、先述したように三浦義村が直前で翻意したため、計画の根幹が崩れたのだ。

法華堂に逃れた実朝のもとには、御家人たちやたまたま鎌倉に滞在していた貴族たちも結集していき、彼らは実朝の命令を受けて和田方への攻撃に加わっていった。義盛とてそうなることは予見していたであろうから、いち早くその身柄を確保すべく将軍御所を急襲し、また三浦義村に御所北門の攻撃を委ねたはずであった。だがその目論見は外れ、文字どおり謀叛人として多くの御家人を敵に回すこととなったのだ。和田方にも横山時兼《ときかね》率いる横山党が加勢したが、衆寡敵せず、翌三日には和田義盛も討ち取られて大勢は決した。

和田方の軍勢は散り散りとなって戦場を離脱した。その掃討を命ずるため、義時と大江広元が連署し、さらに実朝の御判《ごはん》（自筆の署名）を載せた書状が各地の御家人へ発せられた。

合戦の勝者たち

この戦いで、義時と大江広元はともに和田方の攻撃の第一目標とされたようである。将軍御所への襲撃は、先述のように実朝とその妻、さらには政子の身柄の確保という目的であったと見られるが、同時に行われた義時邸・広元邸への襲撃は、彼らの拘束あるいは殺害が目的であったろう。ゆえに、その対処においても彼らが中心となり、先述の鎌倉の近国の御家人への指示や、在京御家人に対する同様の指示は、いずれも義時・広元両名の連署によって発出されている。

逃亡した和田方の者たちは各地で自害に及ぶなどして掃討された。片瀬川《かたせがわ》に晒された和田方の首は二三四にも及んだが、幕府方の負傷者も一八八人にのぼったという。

将軍御所が焼失したため、実朝は政子邸に入った。そこで実朝臨席のもと、義時・広元による論功行賞が行われた。和田義盛や横山時兼など首謀者らの所領、美作・淡路《あわじ》などの国の守護職《しゅごしき》が没収され、功のあった者たちに与えられた。義盛の後任の侍所別当は、義時が就任することとなり、義時は家人の金窪行親を侍所所司に任じた。以後、彼らが御家人の統制と鎌倉周辺の治安維持に当たるのである。

義時は鎌倉の北隣の相模国山内荘《やまのうちのしょう》を得た。この地には、いまも建長寺《けんちょうじ》、円覚寺《えんがくじ》、東慶寺《とうけいじ》など北条氏ゆかりの寺院が残されているように、やがて北条氏の拠点として開発が進む。また、大江広元も武蔵国横山荘《よこやまのしょう》を得た。広元は、それ以前から頼朝より相模国毛利荘《もうりのしょう》を与えられてこれを支配していた。相模国のほぼ中央、相模川水系の要衝に位置する同地およびその近隣には、旧来の勢力である藤原姓の毛利氏や横山党の愛甲氏らも残存していた。彼らが、幕府の成立とともに新たにこの地を得た大江広元とは潜在的な競合関係にあったと推測されるのは、和田義盛が挙兵した際に、広元邸が将軍御所や義時邸とともにいち早く攻撃を受けているからである。だが、これら旧来の勢力は和田方に付いたため、軒並み没落を余儀なくされ、同地における広元の優位が確立したものと見られる。広元は、さらに北の武蔵国横山荘を得たことで、相模・武蔵両国にまたがる相模川水系および多摩川《たまがわ》水系の要衝を確保するに至った。

この他、たとえば二階堂元行《もとゆき》（行村の子で、行政の孫）が鎌倉の西隣に位置する相模国大《おお》庭《ばの》御《み》厨《くりや》のなかの懐島《ふところじま》を与えられた一方で、幕府成立以前からそこを支配していた鎌倉党の大庭氏は、以後『吾妻鏡』に現れなくなる。ここでも、旧来勢力と幕府成立とともに進出した勢力との交代があったと見られる。

伊賀氏略系図

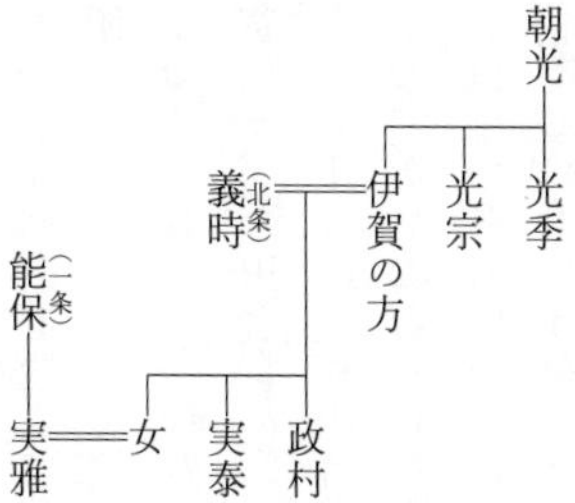

また、合戦に先立つ三月十九日の夜、将軍御所で守庚申《しゅこうしん》（もとは道教の思想による徹夜の会合）が行われていたのだが、和田義盛とは姻戚の横山時兼が、義盛のもとを訪れたというので、伊賀朝光の進言により、これを警戒して守庚申の会合も中止された（『吾妻鏡』建暦三年三月十九日条）。この頃和田一族は幕府に出仕していなかったのだが、その義盛の周辺での不穏な動きに、伊賀朝光も目を光らせていたのであろう。

合戦の後、伊賀朝光は常陸国佐都《さと》を、次男の光宗《みつむね》は甲斐国岩間《いわま》をそれぞれ恩賞として得たほか(『吾妻鏡』建暦三年五月七日条)、長男の光季《みつすえ》も和田胤長の所領であった常陸国塩籠荘《しおごのしょう》を得ていたことが知られる(『吾妻鏡』嘉禄元年九月十二日条)。『吾妻鏡』における合戦の記述では目立った活躍は描かれていないが、義時の妻の実家である伊賀氏も、和田合戦において義時の側に立って功を挙げたことがわかる。

このように、和田合戦というのは北条氏、大江広元、二階堂氏、伊賀氏など、幕府成立によって新たに台頭した御家人が、旧来勢力との競合を克服する画期でもあったといえよう。以後の幕府は彼らがその中心を占めるようになる。東国に拠点を置く鎌倉幕府が、必ずしも東国武士だけを存立基盤としていたわけではなく、また構成員であるところの東国武士の生存を必ずしも保障したわけでもないことは、このような点にも表れているのだ。

第七章　承久の乱

実朝の後継をめぐって

和田合戦の結果、実朝と彼を取り巻く人々、すなわち北条政子・義時、大江広元や三善康信、三浦義村、二階堂氏、伊賀氏らによる幕府の運営が定着していった。

建保四年（一二一六）以降は、幕府の首脳陣ともいえる政所別当として、新たに源仲章《なかあきら》、大江親広《ちかひろ》、源頼茂《よりもち》らが加えられた。源仲章は後白河院の近習の子、大江親広は広元の子、源頼茂は京武者の源頼政の孫である。

とくに、源仲章は実朝の側近として知られる人物であり、実朝が鶴岡八幡宮で暗殺された際には、ともに公暁《こうぎょう》の凶刃に斃《たお》れることとなる。この仲章は、後白河院近習であった父の光遠《みつとお》が伊豆守となった縁で、幕府と関係を持つに至ったと考えられる（拙稿「頼家・実朝期における京下の鎌倉幕府吏僚─源仲章・源光行を中心に─」）。仲章は、当時の幕府では数少ない諸大夫身分を認められた御家人であり、在京御家人の中心として京都−鎌倉間の連絡役を務めることもあった。のちにその才学を認められて実朝の侍読《じとう》（主君に講義をする学者）を務め、やがてその実朝の推挙により、順徳《じゅんとく》天皇の侍読に登用された。

公武関係も安定していくなかで、この仲章のような在京経験豊富な人物が御家人のなかに増えていくのも当然の傾向であった。

ただし増員された彼らは、鎌倉と京都とを頻繁に行き来していたという存在形態も考慮しなければならないが、幕府の最高意思決定に関与した事例はほとんど見当たらず、その勤仕《ごんし》内容も儀式への参列や寺社奉幣などに限定されていた。重要案件については、北条義時、大江広元、三善康信、安達景盛らによる実朝・政子の御前での審議を経て、決裁されるという形が続いていた。このため、幕府が発給する公文書の政所下文《まんどころくだしぶみ》に、別当（長官）としてその名を連ねていたとはいえ、幕府運営上において過大に評価することはできない。

そうした幕府の次なる課題は、目処《めど》が立たない実朝の後継者をどうするかにあった。

実朝が坊門信清の娘を妻に迎えたのは元久元年（一二〇四）の末であったから、もう一〇年近くが経過していたことになるが、彼らの間に子はなかった。さらに実朝は、将軍就任直後の元久元年の夏頃と秋頃にそれぞれ病を得て体調を崩しており、また承元二年（一二〇八）

二・三月に患った疱瘡《ほうそう》（天然痘）のため、それから建暦元年（一二一一）二月までは鎌倉に「籠居《ろうきょ》」を余儀なくされるということがあった（山本みなみ「慈円書状をめぐる諸問題」）。健康面での不安も抱えていたのである。

実朝の後継者をめぐる問題において、その解決のために幕府首脳陣が頼ったのは、後鳥羽院であった。

建保六年（一二一八）二月、政子は弟の時房を伴って上洛した。『吾妻鏡』には単に熊野参詣であるとしか記されていないが、『愚管抄』によれば、後鳥羽院の乳母である卿二位《きょうのにい》（高倉兼子《たかくらけんし》）との会談を行ったことがわかる。ここで話し合われたのが、ほかならぬ実朝の後継者をめぐる問題であった。

候補とされたのは、坊門信清の娘である西御方《にしのおんかた》を母とする後鳥羽院の皇子頼仁《よりひと》親王（冷泉宮《れいぜいのみや》。一一五頁の系図参照）であった。頼仁親王は承元四年（一二一〇）に親王宣下を受けており、卿二位が養育していた。母が実朝の妻と姉妹の関係にあるという縁もある。信頼の置ける実朝の存在を前提に、後鳥羽院も皇子の関東下向を容認したようである。この親王を実朝の後継者として鎌倉に迎え、実朝は後鳥羽院の意を受けてこの親王の後見役を務めるというのが、公武両権力に共有された今後の幕府の在り方であったとされる（坂井孝一『源実朝』）。

なおこの上洛の折の四月十四日、政子は従三位《じゅさんみ》に叙せられている。幕府内の位階でいえば、このとき正二位であった実朝に次ぐ地位を得たことになる（同年十月には従二位に昇叙）。また、このときに後鳥羽院が政子へ面会を申し入れたが、政子はこれを固辞して即座に鎌倉へ帰還した（『吾妻鏡』建保六年四月二十九日条）。もしこの面会が実現していれば、のちの公武関係にいくらかの影響があっただろうか。

とはいえ、このようにして実朝の後継者にも一定の目処を立てることもできた。実朝に明確な後継者がいないなかで、実朝と彼を取り巻く義時ら幕府首脳部、さらに後鳥羽院が治める朝廷との関係などを考慮した上で、新たな抗争のリスクを抑える妥当な〝落とし所〟が模索された結果であったといえよう。だが実朝の実子が生まれるという可能性も皆無ではなく、また、頼朝や頼家の血を引いた者がまだ何人か生存しており、それらは実朝の後継問題をめぐる新たな抗争の火種になり得た。さらにいえば、後鳥羽院の皇子を中心に新たに形成されるであろう人脈の如何《いかん》によっては、実朝期に固めつつあった幕府における北条氏の立場も、また流動化する可能性が出てきたといえるかもしれない。

だがそれらはやがて、実朝の突然の死という形でご破算となる。

実朝暗殺

自らの後継に目処が立つのと同じ頃、実朝の昇進も早まっていく。

和田合戦当時は二十二歳で正二位右近衛中将であったが、その三年後の建保四年（一二一六）六月には権中納言という議政官に任ぜられると、同七月には左近衛中将を兼任した。

将軍に就任した後に従五位下で右近衛権中将となっていた実朝は、頼家と同様に「五位中将」として摂関家嫡流並みの地位を認められた。そしてこのたび権中納言に就任したことで、中納言と中将を兼任する「中納言中将」となった。これは五位中将よりもさらに格の高い地位であり、通例では、このあと大将への昇進を経て大臣に就任することになる。実朝はまさにそのルートに乗ったのだ。

『吾妻鏡』建保四年（一二一六）九月二十日条は、急激な昇進を果たす実朝を大江広元が諌めるという有名な記事を載せる。広元は、子孫の繁栄を願うなら現在の官職を辞退し、ただ征夷大将軍として高齢に達した暁に大将を兼任すべきだと諌言したという。この諌言は、広元と同じことを考えていた義時が、事前に広元に相談したものであったとされる（『吾妻鏡』建保四年九月十八日条）。

だが頼朝が正二位権大納言・右近衛大将まで昇進し、その嫡男の頼家は五位中将の地位を認められ、いま実朝も五位中将を経て中納言中将の地位を得た。再三の繰り返しになるが、源氏将軍家は摂関家嫡流並みの家格を認められているのだ。実朝自身の意思はともかく、以前からその家格に至る道は敷かれており、実朝はそれを大過なく辿っているに過ぎない。

また、後鳥羽院政期においては、とくに議政官の役割の形骸化《けいがいか》が進行していたため、朝廷での儀式について知悉《ちしつ》せず、在京すらしない実朝を大臣に任命しても朝廷の政務運営に支障を来さないという状況が醸成されていた（佐伯智広「中世貴族社会における家格の成立」）。幕府も含まれる貴族社会全体の趨勢が、実朝の昇進を容易にする素地を作っていたという面もある。

そして源氏将軍家がそのような家格上昇を果たす際に、幕府の意思決定の場にいたのは、ほかならぬ義時と大江広元だったはずである。実朝が中納言中将となるのと同じ年に、義時は従四位下に叙され、広元は陸奥守（建保二年〔一二一四〕に正四位下）に就任している。五位すら稀《まれ》な東国武士のなかで、四位への昇叙は破格といえるし、陸奥守は大国受領《たいこくずりょう》を歴任する院近臣の有力者が就任してきた要職であった。実朝が家格を上昇させたことで、源氏将軍家の有力家人である義時や広元、あるいは政子らも、その恩恵に浴していたのである。

やがて実朝は建保六年（一二一八）十月に内大臣に、次いで十二月には右大臣への昇進を果たす。

だが実朝の時代は突然に終わりを告げる。

建保七年（四月に改元して承久元年。一二一九）正月、右大臣就任の拝賀を行うべく、実朝は多数の御家人を引き連れて鶴岡八幡宮に参詣した。建久元年（一一九〇）の上洛時に右近衛大将に任ぜられた頼朝が、その年の十二月一日に後白河院の院御所と閑院内裏《かんいんだいり》（後鳥羽天皇の御所）に参上したように、とくに在京を前提とする官職（大臣はその最たるものである）にあっては、天皇や院の御所に参上するのが通例であるが、鎌倉に常住する実朝は鶴岡八幡宮で拝賀を行った。

建保七年正月二十七日、夜になって雪が二尺（約六〇センチメートル）ほど積もったという。実朝の晴れ舞台である。京都からはゆかりのある貴族たちも多数下向し、この拝賀に参列した。だがこの日、実朝の最側近として御剣役《ぎょけんやく》（剣を捧《ささ》げ持つ役）を務めるはずであった義時は、直前になって心身に不調を来し、その役を源仲章に譲って自邸へ戻ったという。

参拝を終えた実朝が退出しようとしたところ、石段のそばに身を潜めていた鶴岡八幡宮別当の公暁が白刃を一閃《いっせん》して実朝を殺害すると、その首を獲《と》って姿をくらました。

頼家の子公暁は、仏法の面から実朝を護持するよう政子の計らいで鶴岡八幡宮別当となっていたが、その公暁が実朝を殺害したのである。

公暁は三浦義村のもとへ使者を遣わし、「将軍亡き後、自分こそが幕府の長となる。ついては話し合いを持ちたい」と申し入れた。これを聞いた義村はただちに義時に報告し、義時はその場で御家人らに下知して捜索が開始された。やがて、三浦義村の命を受けた長尾定景《さだかげ》が公暁を発見してこれを討ち取った。

武家の棟梁である実朝が、公然と殺害されたのである。

この事件に限らず、また同じ院政期の軍事権門（武家）であった平家と比べても、幕府は内紛が頻発していた。たとえば平家が軍事権門として台頭し、後白河院と対立するようなことがあっても、一門の要人や主要な家人が惨殺されるような内紛には至っていない。内部で殺戮《さつりく》に発展するような深刻な対立を繰り返し引き起こしていたという点において、院政期における他の権門や軍事貴族と比較しても鎌倉幕府はかなり特殊であった。ましてや、その当主が惨殺されるなどというのは異常の極みである。東国に基盤を置く軍事権門としての鎌倉幕府の、とりわけ殺伐とした一面を示しているといえようか。

その実朝殺害をめぐっては、古来さまざまな憶測がなされてきた。なかでも、公暁の単独犯行なのか、あるいはほかに共謀者がいたのかについては、推理小説さながらに諸説交わされてきた。

たとえば、和田合戦のきっかけとなった泉親衡の事件のときに、頼家の遺児（のちの栄実）を擁立する動きがあったとされる。頼家の遺児には求心力があるのだ。これと同様に、実行犯である公暁の支援者、すなわち自らを擁立してくれる者がいたのかどうか。

だがそれを窺い知る史料はない。

事件の黒幕を詮索する向きもあるが、動機や背景を記す史料が確認できない以上、実朝を殺害した公暁の狙いも不明とせざるを得ない。

というのも、当主を公然と殺害した者が、新たな君主として推戴される可能性は低いからだ。

ともすれば傀儡という評価を下されがちな実朝とて、義時らを中心とする有力御家人によって推戴された存在であったから、その実朝を殺害すれば当然彼ら有力御家人からの報復を受ける。当主を公然と殺害した人物、つまり著しく正統性に欠ける人物に、次はあなたこそが我らの君主ですと跪《ひざまず》くほど、幕府御家人は非常識な存在ではない。強大な武力によって後白河院から政権を奪取した平家が正統性を欠き、その後続発する叛乱への対処に忙殺され、ついには滅亡に至ったことを想起すればそれは明らかであろう。

また、黒幕というからには、裏で公暁を操る人物がいたというのかもしれないが、当主が公然と殺害された後の幕府は混乱を免れず、また良好であった後鳥羽院と幕府の関係も危うくなる可能性が高い。そこまでしてなお公暁の擁立に価値を見出す人物が、このときにいただろうか。

かれこれ考えると、実朝の後継者が後鳥羽院の皇子に決まりつつあるなか、それでも鎌倉殿の地位を求めて追い詰められた公暁が、焦りと苛立《いらだ》ちを募らせた末に単独で犯行に及んだと見るべきであろう。

継承候補から外れたことが明瞭《めいりょう》となるとき、それを武力で覆そうとする志向がピークに達するのは、平家政権に叛旗を翻した以仁王の挙兵とも共通する。

実朝が殺害された場に居合わせなかった義時は、実朝を擁立したその支援者であった。公暁が実朝を付け狙うならば、義時も標的とされるのは当然である。直前に御剣役を源仲章と交代するというアクシデントがあったため、疑念を持たれるのも無理からぬことだが、義時も実朝とともに討たれていて不思議はなかったのである。

一方、信頼していた鎌倉殿の実朝を守り切ることができなかった幕府に対して、後鳥羽院は不信感を募らせる。

摂家将軍の下向

実朝を失った幕府にとって、その後継者を決めることは急務であった。

その候補として後鳥羽院の皇子が下向することについては、政子が実朝の生前の建保六年(一二一八)、熊野詣の際に立ち寄った京都で卿二位と会談して合意していたようであるというのは先述のとおりである。

だが実朝の生前から計画されていたこととはいえ、その後継者がこのような形で突然必要とされることになれば、当初の計画にも狂いが生じる。

「皇子を下向させたならば、将来日本国を二分する原因を作ることになる」。『愚管抄』によれば、後鳥羽院はこの点を危惧《きぐ》したとされるが、それは実朝の生存とは関わりなく、またその同意が形成された頃からわかっていたことである。ほかでもないこの段階で後鳥羽院が皇子の下向に逡巡《しゅんじゅん》を示したのは、やはりその原因に実朝の横死があったと見られる。すなわち、自ら信頼して滞りなく右大臣に就任させた実朝を、眼前において守り切ることができなかった幕府に対する不信が募ったのであろう。下向した皇子は、果たして彼の地において無事でいられるのか、と。

実朝の死を境として、後鳥羽院と幕府との関係は破綻に大きく傾いた。

後鳥羽院にとって、自分に近い者を幕府の内紛で失うのは、元久二年（一二〇五）に京都守護の平賀朝雅が在京御家人に討たれて以来のことであった。また、建暦三年（一二一三）の和田合戦の直後には、その残党が潜伏するなどして京都の治安を悪化させていた。幕府の内紛は、近臣の喪失や京都とその周辺の治安悪化に繋がるなど、後鳥羽院にとっても深刻な脅威であった。後鳥羽院政にも悪影響を及ぼすならば、後鳥羽院が幕府の再編を思案しても不思議ではない。

いずれにせよ、実朝が失われた以上、そこに皇子を遣わすことはできないと見た後鳥羽院は態度を硬化させた。同年三月には近臣である内蔵頭《くらのかみ》藤原忠綱《ただつな》を政子のもとに派遣して弔意を示す一方、その忠綱が義時に面会する際に、義時自身が地頭職を務めている摂津国長江《ながえの》荘《しょう》（大阪府豊中市）の地頭職停止《ちょうじ》を通達した（小山靖憲「椋橋荘《くらはしのしょう》と承久の乱」）。

実朝の後継者について後鳥羽院から明確な回答を得られない上に、地頭職の停止を通達された幕府は、義時の弟の時房に大軍を率いて上洛させ、地頭職停止の拒否を回答するとともに、鎌倉殿の後継者の下向を要求した。軍事力に物を言わせた強硬な要求である。

この結果、左大臣九条道家の息子三寅《みとら》（九条頼経）の鎌倉下向が決まった。道家の当時二歳の子である三寅は、幕府と縁のある西園寺公経（道家の舅《しゅうと》でもある）が養育していた。三寅という名の由来は、寅の年・寅の月・寅の刻の生まれであったことによるという。

九条道家は実朝と同年代（実朝が建久三年〔一一九二〕生まれ、道家は建久四年生まれ）で、姉の立子《りっし》は順徳天皇との間に懐成《かねなり》親王（のちの仲恭《ちゅうきょう》天皇）を儲けていた。三寅は、父方と母方のいずれにおいても源義朝（頼朝の父）が高祖父にあたる（一一五頁の系図参照）。これに加えて、摂関家嫡流並みの家格を持つ源氏将軍家と同等以上の家の出身であることが選ばれた理由であろう。

実朝が失われたいま、後鳥羽院は皇太子懐成親王の外戚でもあった九条道家を介して幕府との意思疎通を図ろうと、その方針を転換したものと解することもできる。

三寅は京都の六波羅邸に入った後、そこから幕府御家人に警護されて鎌倉へ下向した。

これまで北条氏は、幕府の中心である源氏将軍家を外戚家として支えながら、その運営の中枢に関与し続けてきた。いま、新たに京都から下向した鎌倉殿の候補は、北条氏との外戚関係を持たない。北条氏がこれまでのように幕府の中枢に関与するためには、まずはじめに三寅との関係を内外にアピールすることが重要であった。

鎌倉に到着した三寅はまず義時邸に入り、その日（承久元年〔一二一九〕七月十九日）の夕刻には政所始《まんどころはじめ》が行われた。新たな鎌倉殿となることを約束された三寅であったが、この儀式に際しては「幼稚」であるとして、政子が簾中《れんちゅう》からこれを取り仕切った。

政子のことを幕府の四代目の将軍であるとか、尼将軍などと称するのは、このような形で実朝亡き後の幕府において三寅を後見したことによるのであろう。言うまでもなく、政子が征夷大将軍に就任した事実はないから、彼女を尼将軍と称するのは正確さを欠く。だが、幕府の中心をなす源氏将軍家の後家であり実質的な家長、すなわち鎌倉殿であったことは間違いない。幕府は当面、義時を中心とする従来の有力御家人らが、政子を補佐する形で運営されていくことになった。

また、これより前の建保七年（一二一九）二月には、京都守護として伊賀光季が派遣された。伊賀光季の女きょうだいは義時の妻（伊賀の方）であり、義時の京都における代理的役割が期待されたものと見られる。そして二年後に承久の乱が勃発する際、この光季は後鳥羽院からの召集に応じず、その軍勢の最初の標的となるのだ。

かくして幕府の体制が更新されるなか、後鳥羽院に仕え幕府政所別当も務めた源頼茂が、同年七月十三日に大内裏《だいだいり》に立て籠もるという事件が発生する（『吾妻鏡』承久元年七月二十五日条）。これも鎌倉殿の後継者をめぐる抗争の一環であった（『愚管抄』）。

頼茂は、かつて平家に叛旗を翻した以仁王に従って戦死した源頼政の孫であった。頼政が従三位まで昇進を果たしたこともあって、その一族は幕府内で厚遇されており、建保四年（一二一六）に幕府政所別当が増員された際、頼茂もそこに名を連ねている。

この事件は、後鳥羽院が在京御家人に命じて鎮圧した。後鳥羽院が西面の武士も含む軍事力で幕府御家人を討ったことをもって、かつてはこれを幕府との戦いの予行演習とする見方もあったが、これまでの公武関係を踏まえて後鳥羽院の対処を見るならば、鎌倉殿の後継者が三寅に決した後の混乱を抑えようとするものであると見てよかろう。

だがこの事件が、幕府と後鳥羽院との間にさらなる禍根を残すことになるのだ。

後鳥羽院が派遣した在京御家人に攻められた頼茂は、大内裏の殿舎に火を放った。平安京の中心に位置し、朝廷の権威の象徴ともいえる大内裏が、幕府御家人の叛乱が原因で焼失したのだ。後鳥羽院自身の権威が傷つけられたに等しいから、その再建を急ぐのも無理からぬことである。このときの大内裏再建の費用は、幕府御家人の所領にも賦課《ふか》されたのだが、その徴収は遅々として進まなかった（白井克浩「承久の乱再考―北条義時追討宣旨をめぐって―」）。大内裏の再建も思うに任せぬ状況を前にした後鳥羽院は、御家人を実質的に統轄して幕府の運営の中心にいる義時に対する不信をさらに募らせ、それは頂点に達したと見られる。承久三年（一二二一）五月、後鳥羽院は北条義時追討の命令を発する。承久の乱の勃発である。

北条義時追討

承久三年（一二二一）五月十九日の午《うま》の刻（正午頃）、同十五日に京都を発した伊賀光季の飛脚が鎌倉に到着した。

後鳥羽院は官軍を召集すると、これに応じなかった伊賀光季の追討をまず命じた。また、幕府に縁のある西園寺公経・実氏《さねうじ》父子が、後鳥羽院の命を受けた二位法印尊長《にいほういんそんちょう》（一条能保の子）によって拘禁された。

そして十五日の午の刻、後鳥羽院の命を受けた官軍が伊賀光季を討った。この場合の官軍とは、後鳥羽院の召集に応じて集まった軍勢を指すが、その主力は在京御家人であり、伊賀光季とともに京都守護を務める大江親広（広元の息子）らであった。光季は同じ在京御家人ではあったが、西園寺公経の意見を容れて後鳥羽院の召集には応じなかったため、最初の標的とされたのである。

続いて後鳥羽院は、葉室光親《はむろみつちか》に命じて北条義時の追討を命ずる宣旨を諸国に発した（「承久三年五月十五日官宣旨案」『小松美一郎氏所蔵文書』）。

じつは光親自身はこれに反対する旨、後鳥羽院に諫言していたのだが、聞き入れられることなく、宣旨発給の責任を引き受けたのだ。職務に忠実な官僚であったが、のちにその責任を問われて斬首される。

その宣旨を携えて関東の幕府御家人に義時追討を命ずる使者も、光季の飛脚到着と同じ日には鎌倉に到着していた。その一報に接した幕府はただちに近隣を捜索した。その結果、後鳥羽院の西面である藤原秀康の家人の押松丸《おしまつまる》という者を鎌倉の葛西谷《かさいがやつ》付近で捕らえた。また、三浦義村のもとへも同じ頃に、弟胤義《たねよし》から後鳥羽院の召集に応じるよう求める書状が届いた。

義村は返事を出さずに使者を追い返し、胤義の書状を携えて義時のもとへ出向いた。そして、胤義の叛逆に同意せず、無二の忠誠を誓ったという。義村はこの後、京都へ攻め上る北条泰時に一族を率いて従い、その補佐役を務める。

このとき実質的な鎌倉殿であった政子は、御家人を簾下に集め、安達景盛に命じて檄《げき》を飛ばしたとされる。

みな心を一つにして聞くように。これは最後の言葉である。亡き頼朝が朝敵を討ち幕府を草創して以来、官位や俸禄《ほうろく》の差配について、その恩は山より高く、海よりも深い。みなの感謝の気持ちは浅からぬものがあるだろう。だが、いま逆臣の讒言《ざんげん》によって理不尽な命令が朝廷から下された。名を惜しむ者は速やかに藤原秀康・三浦胤義らを討ち、源氏将軍三代が築き上げた功績を全うせよ。また、もし後鳥羽院の召集に応じるというなら、いまここで断言せよ。

集まった御家人らは、鎌倉殿である政子の檄に、感涙を禁じ得なかったという。

ここで後鳥羽院の召集に応ずると主張しようものならば、文字どおり袋叩きに遭うことは必定である。これで幕府方は一致団結した。幕府との武力衝突も辞さずとする後鳥羽院に対して、すべての武士や貴族たちが従ったわけではない京方との違いがここにある。

また、この逸話を記す『吾妻鏡』も認めるように、後鳥羽院の敵意は、摂津国長江荘の地頭職停止を拒否した北条義時に向けられたものだった。頼朝の時代に与えられた恩賞を、大した落ち度もなく没収されるべきではないというのが義時の主張だが、これを義時一人の問題に帰結させず、全国各地に地頭職を持つ幕府御家人すべての問題として捉え直し、鎌倉にいる御家人たちに団結を促したのは政子であった。

現存する宣旨にもあるように、後鳥羽院が追討を命じたのは幕府の運営を実質的に差配する義時である。だがこれを「幕府に対する攻撃」と読み替えたのは、ほかでもない幕府首脳部であった。これを前提として、ただちに対応策が協議されることになった。

義時邸での評議では、足柄《あしがら》・箱根の両道を封鎖して待ち受けるべきだとする意見と、軍を京都へ差し向けるべきであるという意見が出された。両方の意見を義時から聞いた政子は、上洛しなければ官軍を破ることはできないため、武蔵国の軍勢の到着を待って速やかに上洛すべしと命じた。

これにより義時は、東国の御家人らに一族を率いて馳せ参ずるよう命ずる書状を発した。だが大将軍に指名された時房と泰時および朝時は、即日出陣したわけではない。その状況を見た大江広元は、上洛を決めておきながら日数を措《お》けば、武蔵国の御家人たちといえども心変わりする者が出ないとも限らないから、泰時がたった一人でも進発すべきであると主張した。そうすればみなそれに従うだろうと。また三善康信も、京都へ攻め込むことを決めてから日数が経過するのは怠慢であり、大将軍一人でもまず進発すべきであると述べた。京都出身の二人の宿老の意見を受けて、泰時はその日の夜に進発した。

幕府の勝利

後鳥羽院の計画は、自らの院宣によって直接に動員した特定の有力御家人を中心に、官宣《かんせん》旨（天皇の命令を伝える公文書）によってさらに不特定多数の武士を動員して、義時を追討させるというものであった（長村祥知『中世公武関係と承久の乱』）。後鳥羽院は、自らの意を受けた幕府御家人らが、ちょうど京都守護の伊賀光季を討ったように、鎌倉で義時を討つことを期待したはずである。

だが、鎌倉にいる幕府御家人は、政子を中心として結束し、朝廷を敵に回すことに対する動揺が広がり始める前に時房と泰時らが進発していった。その彼らを追うように幕府方の軍勢は増えていったのである。

承久の乱といえば、六月十三日・十四日に宇治川《うじがわ》を挟んで京方と幕府方が対峙《たいじ》した激戦が知られる。

だが京方と幕府方の合戦は各地で行われた。北陸道、東山道、東海道の三手に分かれた幕府方が進軍する先々はもちろん、その経路には一見無関係な地域においても、当地の諸勢力（それは日頃から対立関係にあった）がそれぞれ京方と幕府方に分かれて、同時多発的に抗争が繰り広げられたのである（長村祥知『中世公武関係と承久の乱』）。

このような各地で同時多発的に勃発した抗争に勝った側が、それぞれの陣営に順次合流できることになるのだ。

こういった状況では、東国は幕府成立以来、幕府と強力な主従関係を結ぶ武士が多いから

上洛する幕府方の進路　野口実編『承久の乱の構造と展開』（戎光祥出版）などを参考に作成。略記した月日は承久３年の日付

（幕府との主従関係を拒否すれば即座に滅ぼされる）、とくに抗争相手のいない御家人たちが進軍する幕府方に順次合流していくこととなり、徐々に軍勢は膨らんでいく。

だからもし軍勢の集結や進発が遅れると、それは「軍勢が集まらない＝劣勢である」というメッセージとなって各地に伝わってしまうため、結果的に京方を利することになるのだ。大江広元や三善康信らが、できるだけ早期の出撃を進言した理由がここにあった。

一方、西国にも幕府御家人は配置されているものの、必ずしも幕府とは主従関係になく、むしろ院や朝廷と関係の深い武士も多い。彼らは、京都に馳せ参ずる前にまずは近隣の幕府方を倒すことを選択する。その成果を手土産に合流できた者もいたかもしれないが、それによって時間を奪われた結果、京方の武士のなかには、後鳥羽院の命令に応じて京都へ馳せ参じようとしたものの、激戦となった宇治川合戦などに間に合わなかった者も多かった。もし京都近郊での合戦が長引くなど、幕府方の進軍が遅れれば、彼ら西国の京方武士らが、増援として幕府方に襲いかかった可能性もある。幕府方の勝利は必然であったわけではない。

鎌倉を進発した幕府方の軍勢は各地で京方を破っていったが、そのなかには、日頃から対立していた相手をとりあえず京方と称し、それぞれが独自の判断で攻撃したという事例も多い。そうした各地での個別の合戦の全体が、承久の乱の実態であった（長村祥知『中世公武関係と承久の乱』）。

さて、時房・泰時、さらに朝時を出陣させた義時は、ほかの幕府宿老たちとともに鎌倉で善後策を講ずることに徹した。

この間、義時邸に落雷があって弱気を見せたが、大江広元が幕府において落雷は良好な先例であるとして励ますという一幕もあったという（『吾妻鏡』承久三年六月八日条）。

そのような弱気な面が語られる一方で、敵対勢力に対する徹底的な掃討（「山ふみ」）を実施するよう義時が繰り返し命じたことも知られている（『出羽市河文書』）。義時が掃討を徹底することは頼家の遺児の捜索についてのところでも述べたとおりであり、そのこと自体は当時の合戦においても珍しいことではないが、後鳥羽院との対決に臨む義時の姿勢の一端を示す事例といえよう。

承久の乱における最大の激戦となった宇治川合戦も、泰時らの活躍でこれに勝利し、幕府方は京都へ進撃した。もう一人の大将軍である時房は瀬田《せた》（滋賀県大津市）からの入京を目指したが、宇治川合戦に勝利し、それが幕府方全体の勝利を決定付けたことから、泰時こそが承久の乱勝利の立役者であると見なされるようになった（拙稿「北条時房論―承久の乱以前を中心に―」）。そしてこのことは、義時後の幕府の指導者をめぐる問題にも大きく関わることになる。

後鳥羽院は比叡山への退避も拒否され、これまで自らが指揮下においていた在京御家人を中心とする西面の武士も壊滅したため、打つ手を失った。

義時追討の院宣は取り消され、京方の軍勢の中心であった藤原秀康や三浦胤義らの逮捕が命じられた。後鳥羽院の全面降伏である。

六月十六日、時房と泰時は六波羅に入った。彼らは合戦の終結後もそこに駐留し、義時の代理として京都の警護と監視に従事することとなった。六波羅探題と呼ばれる機関の始まりである。また同日、泰時は鎌倉に使者を発して、義時に勝利を報告した。

その報告のなかで泰時は、後鳥羽院の挙兵に関与した貴族たちの処分についても問い合わせている。この報告に応じて、彼らの処遇も含む戦後処理についての審議が鎌倉でなされた。幕府は、彼ら後鳥羽院に与《くみ》した貴族たちに苛烈《かれつ》な刑罰で臨んだ（なかには、幕府内の縁者を頼って助命された者もいる）。

泰時が京方の貴族や武士たちの所領を調べ上げたところ、それは三〇〇〇あまりに及んだという。それらについては、おのおのの功績に応じて、義時が補佐しながら政子が御家人に配分した。承久の乱は、実質的な鎌倉殿である政子を義時が支えて幕府方を勝利に導いたのである。

終章　新たな公武関係

新たな皇統と幕府

戦いに勝利した幕府は戦後処理に着手した。

承久の乱は後鳥羽院とその関係者が主導したものであって、必ずしも朝廷や貴族社会そのものが一丸となって幕府追討に動いたわけではない。後鳥羽院とその縁者たちは当時の貴族社会の中枢ではあるが、そのすべてではなかったのだ。

勝利した幕府の最大の案件は、この戦いを主導した後鳥羽院らの処分であった。

そして、治天《ちてん》（院政を行う上皇）であった後鳥羽院を処罰した場合、これに代わって院政を行う人物を誰にするのかも大きな問題であった。

最大の案件については、周知のように後鳥羽・順徳を配流に処すると決した。後鳥羽院は隠岐島《おきのしま》、順徳院は佐渡島である。順徳院は、より自由な立場で後鳥羽院の計画に協力すべく、承久三年（一二二一）四月に皇太子の懐成《かねなり》親王に譲位していた（懐成親王は即位して仲恭天皇となる）。

複数の上皇の配流が臣下によって決せられることは前代未聞であった。

保元の乱（一一五六）で敗れた崇徳院が讃岐国に配流された前例はあるものの、崇徳院は（藤原頼長らに擁立された結果とはいえ）当時天皇であった後白河との対決に敗れたのであった。そして後白河も、木曽義仲と対立して法住寺合戦に敗れたものの、禁獄や配流などの身体刑までは被っていない。

承久の乱では、戦いを主導した後鳥羽院とそれに協力した順徳院を、幕府は独自の判断で配流に処した。その処罰の峻厳《しゅんげん》さが際立つであろう。また、後鳥羽院の計画には関与しなかったものの、土御門院も自ら土佐国《とさのくに》への配流を申し出た（のちに幕府の配慮で、より京都に近い阿波国へ移される）。これによって、三人の上皇が配流されるという事態になったのだ。

さて、後鳥羽院が京都を離れることになり、これまで二〇年以上その座にあった院政の担い手が空席となった。幕府が院政を要請したのは行助《ぎょうじょ》入道親王である。行助入道親王は諱《いみな》を守貞といい、父は高倉天皇で母が藤原殖子《しょくし》（七条院）であった。安徳天皇の異母弟で、後鳥羽院の同母兄にあたる（一三三頁の系図参照）。寿永二年（一一八三）に平家が都落ちした際には、兄の後継候補としてこれに同行し、平家が壇ノ浦で滅亡した後に京都へ戻っている。隠棲《いんせい》していたこの人物に、新たな治天として院政の開始を請うたのは、三浦義村であったとされる。義村は娘婿である北条泰時とともに上洛軍を指揮し、戦後処理においてもその中心を担った（野口実「承久の乱における三浦義村」）。

そして行助入道親王には太上天皇《だじょうてんのう》（略して上皇）の号が贈られ、天皇を経ることなく上皇（後高倉院）として院政を行うこととされた。そもそも天皇として即位していないのみならず、すでに出家していた行助入道親王に院政を要請するほど、この当時は院政という政治形態が定着していたのである（美川圭『院政』）。院政は、〝陰の実力者が裏から手を回して権力を行使する陰湿な政治形態〟として忌避されていたわけではないのだ。

院政は直系尊属の上皇が行うものだから、院政を行う行助入道親王が支える天皇は、その子か孫に限られる。また、今上である仲恭天皇の直系尊属（祖父の後鳥羽院と父の順徳院）はいずれも京都を離れることになったから、その退位は不可避であった（佐伯智広『皇位継承の中世史』）。この結果、行助入道親王の皇子のなかで出家していなかった茂仁《ゆたひと》王が即位することとなった（後堀河《ごほりかわ》天皇）。

この院政の経済基盤として、幕府は後鳥羽院から没収した所領を新たに王家領として進上したのだが、三浦義村を通じてそこに「武家要用の時は返し給うべき」（『武家年代記　下裏書』）とする条件を付与した。現実にこの条件が行使されたことはないのだが、幕府がこの王家領の潜在的な所有権者であったことを示している。

配流が決まった後鳥羽院の身柄は鳥羽殿へ移され、七月十三日には隠岐島へ送られた。七月二十日には順徳院も佐渡島へ、さらに後鳥羽院の皇子である六条宮《ろくじょうのみや》雅成《まさなり》親王は但馬国《たじまのくに》、一時は実朝の後継候補にも名の挙がった冷泉宮頼仁親王は備前国へ、それぞれ配流された。

結果的に実現しなかったものの、その後、配流された三人の上皇の処遇（京都へ戻すか否か）は、承久の乱後の公武両権力の間に懸案として伏在し続ける（谷昇「北条政子危急をめぐる朝幕の対応とその背景─新出「藤原定家自筆明月記断簡」（嘉禄元年七月一日〜三日条）─」）。のちに、九条道家が中心となって後鳥羽院と順徳院の還京《かんきょう》を幕府に提案するのだが、これは時の幕府を主導していた泰時によって峻拒されている。

土御門院は寛喜三年（一二三一）、後鳥羽院は延応《えんおう》元年（一二三九）、順徳院は仁治《にんじ》三年（一二四二）に、それぞれの配所で崩じた。後鳥羽院の諡号《しごう》（おくりな）は、怨念《おんねん》を抱いて崩じたため怨霊化することを恐れる慣例から、生前の徳を称揚するため、当初は「徳」の字を用いた「顕徳《けんとく》院」とされたが、後鳥羽院が承久の乱に敗れた六月と七月に幕府要人の死没が目立つに及び、「後鳥羽院」に改められるのである。

そして仲恭天皇が退位したことにより、その外戚として摂政を務めていた九条道家は解任され、近衛家実《いえざね》（近衛基通の長男）が後任の摂政に就任した。

このように承久の乱を主導した上皇を配流に処し、廷臣らの処分や人事も左右し、新たな天皇を即位させ、その経済基盤も保証した幕府は、朝廷に対して圧倒的な優位に立ったわけだが、そうであるからといって、以後の公武関係において幕府が朝廷に対して終始高圧的に振る舞ったのかといえば、そうともいえない。

承久の乱に勝利した幕府も、賞罰の調査・実施などの戦後処理に忙殺されていたという面もあるが、それだけではない。

承久の乱の勝利によって、幕府は自ら治天を指名して新たな皇統を樹立した。これは、院政の成立要件である皇位継承者選定権（天皇と皇太子の人事権）を掌握したに等しい。この事実を重視し、このときをもって鎌倉幕府成立の画期だとする見方すら存在する（貫達人《ぬきたつと》「鎌倉幕府成立時期論」）。

この見方の要点は、承久の乱で勝利する以前はほとんど関与し得なかった皇位継承に、幕府がより大きく関与するようになったことにある。鎌倉幕府と、平家政権や室町・江戸両幕府との共通点を探るとき、それが皇位継承への関与にあるとするならば、その画期がこのときであったのだというわけだ。ただし、このときをもって鎌倉幕府成立の画期だとするならば、源氏将軍の時代は何であったのかという問題が残る。

それはともかく、武士による政権の成立要件として、皇位継承への関与を重視するというのは重要な指摘といえよう。幕府は全国の武士を御家人として支配する軍事権門であり、その組織としてのアイデンティティは、軍事力による国家の守護にあった。さらに皇位継承にも関与することは、軍事のみにとどまらない影響力を持ち始めたことを意味するからである。

承久の乱の結果、幕府は治天であった後鳥羽院から、皇位継承者選定権、院領荘園、軍事動員権を奪い、それらを新たな院政の担い手である後高倉院に付与した。このことにより、幕府はこれらの権限の実質的な保有者となったのである。

だが、自ら擁立したということは、その皇統の安定的な存続のための責任を負ったことも意味する。自ら擁立した皇統を安定的に維持するためには、その安全を保障し、その権威を高めることに腐心するのは当然である。擁立した皇統の権威を維持するには、子細に指示して言いなりにするのではなく、あくまでも自立性を保っていることを示す必要があった。

以後の幕府は、皇位継承者選定権を必ずしも積極的には行使せず、貞永《じょうえい》元年（一二三二）に四条《しじょう》天皇が二歳で即位する際、難色は示しつつもこれを容認している。朝廷の政務についても積極的には介入せず、たとえば安貞《あんてい》二年（一二二八）に九条道家が関白として復権する際にも、これを妨げてはいない。院領荘園が幕府によって再び没収されたことはないし、院が軍事動員権を発動して対応していた京都とその周辺の治安維持については、在京御家人を統率する六波羅探題がこれに当たることになった。京武者を中心とする院の軍事力は解体されたものの、畿内近国の武士は荘園・国衙領の下司などとして、貴族社会を支えながら以後も存続するのだ（生駒孝臣「中世国家と畿内武士」）。六波羅探題は、幕府がその安定に責任を負うことになった朝廷との間で、窓口役も務めることになった。

義時の晩年

承久の乱に勝利したとき、幕府は必ずしも万全の体制ではなかった。将軍実朝が甥の公暁《こうぎょう》に殺害されるという形で死亡し、その後継者とされた三寅《みとら》は幼少であった。この三寅を、源氏将軍家の後家である政子が後見し、それを義時が補佐するという形は、征夷大将軍である鎌倉殿を中心に御家人が集うという、成立当初の幕府とは異なる形であったからだ。後鳥羽院との戦いに勝利したところで、その異常事態が解消されたわけではない。

かくして承久三年（一二二一）は暮れゆき、その翌年に元号は貞応《じょうおう》に改められた。承久の乱後は義時の晩年にあたる。

引き続き、三寅とその後見役である政子の補佐役として幕府運営の中心を担っていくのだが、義時が信頼を置き、承久の乱で幕府軍を率いた時房と泰時は、承久の乱後も六波羅探題として京都に駐在し続けることになった。

これまで幕府の運営の中心にあった首脳陣も高齢となり、三善康信が承久の乱直後に没したほか、安達景盛は仏門に入って隠棲し、大江広元も老境にあった。時房と泰時は京都を離れられず、実朝の時代に増員された政所別当のうち、源仲章《なかあきら》は実朝とともに殺害され、大江親広は後鳥羽院に与《くみ》して行方不明となり、源頼茂《よりもち》は下向した三寅が鎌倉に到着する直前に京で謀叛を起こして自害している。

次世代を担い得る人材の育成・確保は幕府も考えていたようで、実朝の時代に増員された政所別当はその候補であったと考えられるが、彼らはいずれも承久の乱までの間に失われていたのだ。後鳥羽院との戦いに勝利したとはいえ、幕府の運営体制は、今後の見通しも含めて盤石とは言い難かった。

ところで、後鳥羽院に与して行方不明となったその大江親広の妻は、義時の娘であった。義時と広元が中心を担っていた幕府の運営体制を踏まえると、ごく当然といえる婚姻関係である。だが、その親広は没落し、妻であった義時の娘は、京都の貴族に再嫁した。その貴族は土御門定通《さだみち》で、頼朝の死後、頼家が五位中将となれるよう取り計らった源通親の子である。

義時の娘と定通との婚姻が承久の乱の前後いずれであったのかは決め手に欠けるのだが、その乱のときには定通が幕府や義時に対して殊更に協力的な態度を示していないことから、その婚姻は乱後であったと見られる。定通はそれから約二〇年後、夭折した四条天皇の後継の天皇を決めるために朝廷が幕府との調整を図る際、この姻戚関係を存分に活用して、自らが推す後嵯峨《ごさが》天皇の即位を実現させるのである。

さて、新たな鎌倉殿の候補が京都から迎えた人物であったからだろうか、義時の幕府運営も、より京都の貴族社会を意識したものへシフトしたように見受けられる。

将軍御所が手狭であるというので、西大路を御所の庭に組み込む形で敷地を拡張するかどうかを審議した際、幕府の首脳陣である二階堂行村、三浦義村に諮《はか》ったほか、その作事（普請）の吉凶について、鎌倉にいる陰陽師《おんみょうじ》らも呼んで意見を聞き、さらに京都の陰陽師からも意見を聴取している（『吾妻鏡』貞応二年正月二十日・二十五日条、二月八日条）。

その結果、この拡張工事は年明け以降に実施するのがよいという答申を得たため、それに従うことになった（『吾妻鏡』貞応二年九月二十五日条）。鎌倉の将軍御所の拡張工事を行うことについて、その方針を決するのは義時以下の有力御家人だが、その際に、京都の陰陽師から吉凶について意見を徴し、そしてそれを採用しているのである。

だが、この間に天変地異が相次いだため、義時も思うところがあり、再び陰陽師を呼んで吉凶を占わせている（『吾妻鏡』貞応二年十一月二十九日条）。

幕府が支配している鎌倉の市中において、その中心となる将軍御所の修築に関する案件である。幕府が意のままに実行して誰が咎めることでもないように思えるが、これらの経緯から、作事を行う際には事前に吉凶を占うという貴族社会の先例を踏まえようとする意識が働いていたと評価できるのではないだろうか。

実朝の時代に、和田合戦で焼失した将軍御所を再建した際、移徙《いし》（引っ越しの儀式）において鎌倉の陰陽師が反閇《へんばい》（邪気を払い除くために呪文を唱えながらステップを踏むこと）を務めるようなことはあったが、作事の日程などについてこれほど慎重に意見を聴取した例は見当たらない。三寅を京都から迎えたこの時期の幕府運営における特徴の一つであったといえよう。

また、三寅の手習始《てならいはじめ》（書道の稽古始め）の儀式も行われている。三寅の父である九条道家が鎌倉に使者を下し、手本と硯《すずり》などを用意して実施されたものである。義時をはじめとする幕府の宿老らも参列し、一条実雅《さねまさ》（一条能保の子で義時の娘婿）が介助役を務めて、将軍御所で行われた。臣下の家として最高位に位置する摂関家からは多くの能書家も輩出しているが、三寅もその摂関家の子弟としてのライフステージを歩み始めており、将来の鎌倉殿として、その儀式は幕府で行われたのである（『吾妻鏡』貞応三年四月二十七日・二十八日条）。

やがて、義時も終焉《しゅうえん》のときを迎える。

貞応三年（一二二四）六月の中旬、この年は厳しい暑さが続いており、義時も日頃から心身に不調を来していた。これまで大事には至っていなかったようだが、このときは悪化が止まらず、陰陽師らが召集されて占いや祈禱が重ねられた。

だが、その効果もなく体調は悪化の一途を辿り、六月十三日には危篤状態に陥った。義時の息子で小侍所《こさむらいどころ》別当（三寅の警備責任者）を務めていた重時を使者として、三寅のもとへも報告がなされた。

寅の刻（午前四時頃）に落飾した義時は、巳《み》の刻（午前十時頃）に死去したという。六十二歳であった。妻である伊賀の方も落飾した。その日の午の刻（正午頃）には、京都へ飛脚が遣わされた。

伊賀氏事件

義時の墓所は頼朝の法華堂の東の山上と定められた。これは政子による指示であり、幕府の創始者である頼朝に並ぶ存在として、義時を顕彰しようとしたのだという（山本みなみ「北条義時の死と前後の政情」）。六月十八日にはその葬送が執り行われ、十九日には初七日の仏事、同二十六日には二七日《にしちにち》の仏事がそれぞれ執り行われた。

六月二十六日には泰時が京都から鎌倉に到着した。十三日に鎌倉を発《た》った飛脚が一六日に京都へ到着したため、十七日丑《うし》の刻（午前二時頃）に出京したのだという。また、同十九日に出京した時房と、足利義氏も順次鎌倉に到着した。

彼らと入れ替わるように、時房の長男時盛《ときもり》と泰時の長男時氏が上洛した。彼らは、それぞれ父親に代わって六波羅探題を務めるのである。

この間、義時の後妻伊賀の方の兄弟である伊賀光宗らは、三浦義村のもとへ頻《しき》りに出入りして不審な動きを示していた（『吾妻鏡』貞応三年七月五日条）。

この、義時死後の不穏な動きは、その中心にいたのが義時の後家である伊賀の方とその一族であったことから、伊賀氏事件などと呼ばれる（一五一頁の系図参照）。

彼らは、義時と伊賀の方の子である政村を義時の後継とし、さらに一条実雅を鎌倉殿とすべく、その支援を取り付けるために三浦義村のもとへ通っていたというのである。義村は政村の烏帽子親《えぼしおや》であった。

だがこの計画は、政子が阻止した。

政子は、自らが推す北条泰時を支援するよう三浦義村を説得し、改めて泰時への協力を取り付ける一方（義村は泰時の舅《しゅうと》であり、泰時は義村の子泰村の舅であった）、伊賀の方とその兄弟の光宗、そして伊賀の方の女婿である実雅を配流に処した。これらの経緯を記す『吾妻鏡』は、泰時が義時の後継者となったのを政子の功績として描いている。

このように、『吾妻鏡』は執権泰時就任の経緯に目を向けさせることによって、この事件の争点が、義時死後の執権の行方であったように描いている。しかしこの事件の核心はそれだけではない。このとき、次の鎌倉殿の座もまたその争点となっていたのだ。義時死後に幕府の行方を左右したこの事件について、本書の最後に見ておきたい。

一条実雅は、親幕府公卿であった一条能保の息子として生まれ、西園寺公経の猶子となっていた。当時二十九歳で従三位《じゅさんみ》、参議《さんぎ》と右近衛中将を兼任していた。頼家・実朝が摂関家嫡流並みの家格を認められていたことからも明らかなように、鎌倉殿は公卿身分であるという幕府草創以来の経緯を踏まえれば、実雅はすでにその条件を備えていたのである。

頼朝以来の鎌倉殿が、朝廷を主導する人物と親和的な関係を維持することに腐心してきたことも踏まえるならば、承久の乱後の朝廷に多大な影響力を振るった西園寺公経との提携が期待される実雅は、これに適する人物であったといえよう。

この実雅を、姑《しゅうとめ》である伊賀の方の係累にある人々が鎌倉殿として支えようという構想であったと見られる。

一方の三寅は、補佐役の義時が没した貞応三年（一二二四）時点で七歳だった。政子は三寅が関東に下向した当初からその後見役であったが、政子も同年に六十八歳となっており、いつまで三寅を後見できるかわからなかった。

また、三寅の父は、承久の乱に積極的には関わらなかったものの、摂政を罷免された九条道家であった。

恭《うやうや》しく鎌倉へ迎えられた三寅であったが、もともと実朝の後継と目されていた後鳥羽院の皇子の下向を院から拒否されたための次善の候補として鎌倉に下向したという事情もあり、父の立場も安定しないなか、幼い彼を鎌倉殿の候補として推戴し続けることに合理性はあるのかどうか、この時点では不明確であった。

このように見ると、義時死去の時点においては「幼齢未識《ようれいみしき》」（『承久記』）の三寅と比べて、すでに公卿としての実績を重ねつつあった実雅も、鎌倉殿としての条件を一定程度満たしていたことがわかる。鎌倉殿の候補として推されることに、相応の合理性はあったのだ。

加えて、実雅が鎌倉殿になれば北条氏は鎌倉殿の姻戚の地位を取り戻すことになる。北条氏は、これまで鎌倉殿の外戚であり続けた。だが、泰時・三寅とその後見役である政子との間に姻戚関係はない。

これに対して、実雅を鎌倉殿とした場合、その姑である伊賀の方を中心にして、実雅・政村・伊賀氏との間で相互に姻戚関係が形成され、さらには承久の乱とその戦後処理にも手腕を発揮した三浦義村の支援も期待できたのである。

北条義時には泰時の母、比企朝宗の娘（朝時・重時の母）、伊賀の方（政村・実泰《さねやす》の母）、伊《い》佐朝政《さともまさ》の娘（有時《ありとき》の母）などの妻がいたことが知られる。素性のわからない泰時の母、比企氏事件後に離別したとされる比企朝宗の娘ではなく、伊賀の方が義時の正室であったことが知られ、政村も、六郎を称した異母兄の有時より年少でありながら四郎を称している（泰時は太郎を称した）。北条氏は嫡男に四郎という輩行名《はいこうめい》（出生順を示す通称）を与えるとされていることに照らせば、正妻である伊賀の方の長男である政村は、義時の嫡男であったと見ることもできる。

だが、源氏将軍家の後家としてこれまで御家人たちを束ねてきた政子が、ここでも強力なリーダーシップを発揮し、あらためて三寅を鎌倉殿、泰時を義時の後継者に指名したのである。この政子の意向に表立って反対できる者はいなかった。

また、義時の後継ということについていえば、母の身分や輩行名はともかく、それまでの実績に鑑《かんが》みて、やはり泰時が優位であった。義時の生前から幕府の枢要に関与していたほか、和田合戦、承久の乱などでも戦功を挙げて勝利に貢献している泰時の実績は、おおよそ政村とは比較にならなかった。その点でいえば、義時の遺した家（および付属する所領や家人など）を継承するのは、泰時をおいて他にいなかったであろう。言い換えれば、和田合戦、承久の乱などをともに戦い抜いた義時の家人たち（武士団）を継承するのは、実戦経験の乏しい政村ではなく、これらの戦場で彼らとともにあった泰時であると目されていたはずである。

このような泰時と政村との関係は、平家の後継者をめぐる重盛と宗盛との関係にも似ている。清盛の正室である時子の長男は宗盛であり、平家と提携した後白河院―高倉天皇の皇統との関係もより緊密であった。一方で、平家の躍進の契機となった平治の乱において、重代相伝の家人と生死を共にして平家に勝利をもたらす活躍を見せたのは重盛であった。この両者の関係は、平家の分裂の可能性も孕《はら》むものであった（元木泰雄「平重盛論」）。

そして、泰時が義時の後継者に決まったことで、実雅や伊賀氏一族を泰時と組ませることは困難となった。彼らを幕府に残せば、義時の後家である伊賀の方の影響力が残存し、おそらく先に世を去ることになる政子がこのとき設計した構想を、解体しにかかることが容易に想像されるからである。これは、院政期の王家をめぐる対立においても示されるこの時代の社会一般の傾向である（佐伯智広『中世前期の政治構造と王家』）。ここに、政子が実雅と伊賀の方、伊賀光宗といった伊賀氏の係累の一掃を図った理由がある（光宗は、政子の死後に幕府へ復帰する）。伊豆国北条に配流となった伊賀の方は、その年末に病重篤との知らせが鎌倉にもたらされた（『吾妻鏡』貞応三年十二月二十四日条）。政村にはとくに処罰も及ばず、その後は泰時らに忠実な幕府の宿老となっていく。

義時後の幕府

『吾妻鏡』には、政子が泰時・時房の二人に、義時死後の幕府の運営を委ねたとある（『吾妻鏡』貞応三年六月二十八日条)。

だが、実際に時房が鎌倉で連署として活動を開始するのは、政子の死後である。政子は、泰時－鎌倉、時房－六波羅という分担を構想していたと見られる(拙稿「承久の乱とそれ以後の北条時房」)。

また、この間の貞応三年(一二二四)七月三十日には義時の四十九日の法要が営まれたのだが、同閏七月二日には、泰時の弟の朝時が、独自に義時の追善仏事を執り行った(山本みなみ「北条義時の死と前後の政情」)。追善仏事の執行は、自らがその人物の後継者であることをアピールする意味がある。『吾妻鏡』に記載のある七月三十日は泰時あるいは政子が主催したものであろうが、『吾妻鏡』には記載のない朝時独自の四十九日法要は、朝時が自ら北条氏の正統であるとアピールしたものであろうか。政子から義時の後継者として指名された泰時に対しても、すべての御家人がこれを支持したというわけではなかったことが窺えよう。

そして、義時死後の幕府を泰時主導の体制へと導いた政子も、嘉禄元年(一二二五)七月に没する。

実朝亡き後の幕府において実質的な鎌倉殿として君臨し、承久の乱で勝利に導いた政子が没したことで、いよいよ将軍を空位にしておくわけにもいかなくなった。八歳の三寅を元服させ(九条頼経)、翌年には将軍に就任させた(『吾妻鏡』嘉禄元年十二月二十九日条、翌二年二月十三日条)。

一方、政子の構想に反するとして追放された人々も、一部復帰が認められる。伊賀光宗(入道光西《こうさい》)は鎌倉に召還され、のちに評定衆にも列した。

時政・義時の時代、北条氏は源氏将軍家の姻戚としてこれを支えた。泰時と新たな将軍頼経との間に姻戚関係はないが、政子が後見して鎌倉殿の地位を守った頼経を、同じく政子が指名した泰時が執権としてこれを支えることになったのである。

だが、九歳にして執権・連署との外戚関係もない九条頼経に棟梁としての役割を期待するわけにもいかず、それでも彼を将軍として推戴することになった幕府は、その状況への対応を進めていくのである。

そもそも、幕府の棟梁に期待された役割とは、家人相互の利害調停(所領紛争の解決など)や、家人による他権門への侵害を抑制することであった。

幼弱な棟梁(九条頼経)にはこの役割を期待できないため、「理非決断之職」としてこれを代行したのが執権・連署であった。

彼らが主導する評定衆は、本来ならば将軍が主導する幕府の裁判を、『御成敗式目《ごせいばいしきもく》』に準拠しながら担う人々であり、成立当初のその構成員は、幕府の最高意思決定にも関与していた(のちに、評定衆は裁判に特化し、幕府の最高意思決定は得宗《とくそう》〔北条氏嫡流家の当主〕や御内人《みうちびと》

〈得宗の家人〉らによる寄合《よりあい》と呼ばれた合議に移る）。

評定衆の構成員は、源氏将軍家と縁の深い者や、京都出身の吏僚であり、頼家の時代に定められた十三人のように、御家人のなかのごく限られた人々であった。だから、評定衆は御家人（あるいは武士）による衆議などといえるような組織ではない。『御成敗式目』も、幕府内の裁判や御家人に関する内部規定というべきものだった。

泰時が執権を務めた時代に創始された評定衆と『御成敗式目』は、鎌倉幕府を代表する制度であったと見られがちである。それを殊更に否定する必要はないが、成立の経緯を辿れば、幼弱な棟梁を推戴する当該期の鎌倉幕府に固有の問題に対処するため、設けられた制度であったことがわかる。

もう一度思い出していただきたいのは、承久の乱が発生したとき、幕府には将軍が不在で、政子が義時らの補佐を受けながら、その代行といえる地位にあったことである。鎌倉幕府は、草創以来最大の危機を、このような非常事態のただ中で迎えることになったのだ。

だが、幕府はこれに対処して勝利を得る。それ以前から、棟梁に相応しい将軍がいなくとも機能するよう、義時をはじめとする御家人らによって維持・管理がなされてきた結果であった。

そうであるからといって、義時に代表される北条氏が、幕府において当初から将軍の形骸化や追い落としを謀り、権力の奪取を目論んでいたのかというと、それは違うといえよう。先述したように、義時の幕府における地位は、将軍実朝の存在なくしてはあり得ないからである。

就任当初の幼い将軍実朝を補佐し、それでも幕府が統治機構として維持されるよう管理した結果、不測の事態ながら、将軍が不在であっても幕府自体は存続し得たのである。この間、幕府の運営の中心にいたのは義時である。

義時の死後、その跡を継いだ泰時の時代にも幼年の将軍が在任することになり、それに対応するための制度が整えられていく。これらの制度は、執権・連署以下の幕府要職を務める北条氏一族の権力の拠り所となっていくのだ。

しかしこれらの制度の元を辿れば、幕府運営上の諸事情により、その段階では必ずしも将軍としての適性を充分には満たしていない人物（実朝や三寅）を擁立せざるを得ず、それでも安定的な運営を維持できるよう案出されたものであった。鎌倉幕府の実権が、将軍から執権や得宗に移る理由を、その経緯に即して探るならば、この点に帰着すると考えられる。

これらの動きの中心にいて、その主導権を握ったのは政子であり、彼女を側近として支え続けたのは義時であった。さまざまな岐路における彼らの判断が、鎌倉幕府に特徴的な仕組みをもたらしたといえよう。その意味で、彼らが統治機構としての鎌倉幕府の特徴を（すべて意図したものではなかったにせよ）形作ったのである。

だが、将軍としての適性が充分ではない人物を支えるための諸制度は、将軍が成長を遂げてそれに相応しい主体性を備えるに及び、将軍が将軍として機能し始めると、幕府御家人や京都の貴族社会をも巻き込んだ軋轢を生じるようになる。このことは、室町・江戸の両幕府と比較しても特徴的な宿痾《しゅくあ》として、以後の鎌倉幕府の不安定要因となっていくのである。

あとがき

本書の編集をご担当いただいた並木光晴氏から、北条義時の評伝を執筆するようご依頼をいただいたのは、二〇二〇年一月、まだ新型コロナウィルスの脅威が日本国内に及んでいない頃だったと記憶している。

池袋駅近くのベトナム料理店、パクチーの香りが漂うなか、中公新書への執筆依頼を頂戴するという、私の人生ではとても珍しい経験をした。なお、そのお店は今も営業しておられるようだ。安堵している。

二〇二二年のNHK大河ドラマが、北条義時を主人公とするものに決まったというので、勤務先で開催する古文書講座の題材に『吾妻鏡』を選んでみるなど、私もささやかな便乗を目論んでいた。地元のタウン誌が広報にご協力下さったこともあって、『吾妻鏡』の講座はそれなりの好評を博した。

だがまさか、義時の評伝を依頼されるとまでは思いもしなかった。そういったものは、もっと偉い先生がお書きになるだろう、と思っていたからだ。

光栄なことだし、お引き受けすることにしたのだが、名門の中公新書に書かせていただく以上、無様なことはできないという焦燥だけが募り、やがてこういった「あとがき」でよく目にするフレーズをそのまま辿ることになった。すなわち、執筆は遅々として進まず、担当氏には大いに迷惑をかけた。

義時の動向に一見関係なさそうな貴族社会の動向にも紙幅を割いたのは、幕府の成立＝武士の時代の始まりとする一般的な見方に私が違和感を感じるためである。幕府の成立に関わりなく院政期は続いており、幕府や義時もその時代の影響を強く受けているはず。だから本書では、院政期社会の特徴にも適宜言及することにした。

その試みの成否については、読者諸賢の厳しい批評に委ねたい。

率直にいうと自信には乏しいが、一方で、それなりの視点を提示することもできたのではないかと思う。

私と『吾妻鏡』との出会いは、京都女子大学で野口実先生が主宰しておられた宗教・文化研究所ゼミナールにおける『吾妻鏡』講読会においてであった。

はじめて参加させていただいたのは二〇〇四年の春で、たしか畠山重忠の討ち死にを描いた二俣川合戦の記事、本書第五章でも触れた元久二年六月二十二日条を読んだと記憶している。

浅学非才の私が、曲がりなりにも北条義時のことを一冊にまとめることができたのは、この京都女子大学宗教・文化研究所ゼミナールで培った基礎のたまものである。「まずは見学からでも」といって気楽な参加を許していただき、年齢や性別等の違いに囚われることなく、史料をもとに議論を交わすことの重要性や楽しさを教えていただいた、自由で多様性に満ちた雰囲気の場であった。

『吾妻鏡』の世界だけにとどまらず、多くの得がたい出会いを導いてくださった野口先生や、ともに学ぶことを許してくださった多くの仲間に、この場を借りて深く感謝を申し上げたい。

中世の武士の特徴は、王権守護と自力救済という言葉で端的に表現することができる。軍事権門である平家や鎌倉幕府が、武力によって朝廷を支えることをアイデンティティとしていたように、武士は王権のもとに結集するものであった。その一方で、朝廷の命令をあえて無視してでも、自らの存立を懸けた私闘、すなわち自力救済を繰り広げるという行動原理も併せ持っていた。どちらも中世の武士を特徴付ける属性ではあるが、どちらか一方の面を語るだけでは、これを充分に説明することはできない。

本書執筆にあたって、野口実・元木泰雄両先生から長年にわたるご指導を得られたことが大きな拠り所となった。両先生はそれぞれの立場から、武士における王権守護と自力救済の両側面を追究してこられた。

王権守護の場である京都の貴族社会を知悉される元木先生は、武士の自力救済の側面を重視しておられるように思う。

自力救済の坩堝《るつぼ》である東国武士の世界を知悉される野口先生は、武士と京都との関係を重視しておられる。

互いに尊敬し合う両先生の謦咳《けいがい》に接することができたのは、私にとって何ものにも代えがたい財産となった。そうして得られた貴重な財産を、抱え込むのは忍びない。できるだけ多くの方々が、両先生のご研究を通して鎌倉幕府や武士のことに目を向けてくだされればと願う次第である。本書が、僅かでもその一助になれば幸甚である。

我々の住む世界の様子を一変させた新型コロナウィルスの影響下では、研究はもちろんのこと、日常生活においても大きな制約を受けている。

「不要不急」。その言葉を前にして、自問自答した方は少なくないと思う。

だがその間にも、新たな方向を模索し、進展させ、それらの成果を世に問うておられる方が各分野において少なくないことに、驚きと敬意を禁じ得ない。

遅々として執筆の進まない筆者へじつに粘り強く激励とご助言を繰り返して下さった担当の並木氏に、深く御礼申し上げたい。また、ご多忙の合間を縫って原稿の下読みに快く応じてくださった篠崎敦史氏にも感謝を申し上げる。

そして、これまで私にご指導ご鞭撻いただいたすべての方々に、深く御礼申し上げます。

二〇二一年十月十日

岩田慎平

付記

本書の執筆に専念できたのは、日々、新型コロナウイルス感染症対策の前線に立たれた医療関係者のご尽力によるものと感謝申し上げます。

本書の著者印税の一部は、医療団体に寄付いたします。

主要参考文献

研究書等

池谷初恵『鎌倉幕府草創の地・伊豆韮山の中世遺跡群』（新泉社、二〇一〇年）
生駒孝臣「中世国家と畿内武士」（『日本史研究』第六五五号、二〇一七年）
石井進『日本の歴史7　鎌倉幕府』（中央公論新社、二〇〇四年。初刊は中央公論社、一九六五年）
石田祐一「諸大夫と摂関家」（『日本歴史』第三九二号、一九八一年）
石井進『中世武士団』（講談社、二〇一一年。初刊は小学館、一九七四年の『日本の歴史12　中世武士団』）
岩田慎平「頼家・実朝期における京下の鎌倉幕府吏僚—源仲章・源光行を中心に—」（『紫苑』第一二号、二〇一四年）
岩田慎平「『曽我物語』と頼朝」（樋口州男ほか編著『歴史と文学』小径社、二〇一四年）
岩田慎平「牧氏事件・伊賀氏事件と鎌倉殿」（『紫苑』第一四号、二〇一六年）
岩田慎平「北条時房論—承久の乱以前を中心に—」（『古代文化』第六八巻第二号、二〇一六年）
岩田慎平「承久の乱とそれ以後の北条時房」（野口実編『承久の乱の構造と展開』戎光祥出版、二〇一九年）
上横手雅敬『北条泰時』（吉川弘文館、一九五八年）
上横手雅敬「建久元年の歴史的意義」（『鎌倉時代政治史研究』吉川弘文館、一九九一年。初出は一九七二年）

上横手雅敬、元木泰雄、勝山清次『日本の中世8　院政と平氏、鎌倉政権』（中央公論新社、二〇〇二年）
上横手雅敬編著『源義経　流浪の勇者』（文英堂、二〇〇四年）
大島佳代「成立期鎌倉幕府と大河兼任の乱」（『ヒストリア』第二七五号、二〇一九年）
岡田清一『北条義時』（ミネルヴァ書房、二〇一九年）
川合康『鎌倉幕府成立史の研究』（校倉書房、二〇〇四年）
川合康『日本中世の歴史3　源平の内乱と公武政権』（吉川弘文館、二〇〇九年）
京都府京都文化博物館企画・編集『よみがえる承久の乱』（京都府京都文化博物館、読売新聞社、二〇二一年）
黒田俊雄「中世の国家と天皇」（『黒田俊雄著作集　第一巻　権門体制論』法蔵館、一九九四年。初出は一九六三年）
黒田俊雄「鎌倉幕府論覚書」（『黒田俊雄著作集　第一巻　権門体制論』法蔵館、一九九四年。初出は一九六四年）
五味文彦「平氏軍制の諸段階」（『鎌倉時代論』吉川弘文館、二〇二〇年。初出は一九七九年）
五味文彦『平清盛』（吉川弘文館、一九九九年）
五味文彦編『日本の時代史8　京・鎌倉の王権』（吉川弘文館、二〇〇三年）
小山靖憲「椋橋荘と承久の乱」（『市史研究とよなか』第一号、一九九一年）
佐伯智広「中世貴族社会における家格の成立」（上横手雅敬編『鎌倉時代の権力と制度』思文閣出版、二〇〇八年）
佐伯智広『中世前期の政治構造と王家』（東京大学出版会、二〇一五年）
佐伯智広『皇位継承の中世史』（吉川弘文館、二〇一九年）
坂井孝一『源実朝』（講談社、二〇一四年）
坂井孝一『曽我物語の史的研究』（吉川弘文館、二〇一四年）

坂井孝一『鎌倉殿と執権北条氏』(NHK出版、二〇二一年)
櫻井陽子「頼朝の征夷大将軍任官をめぐって―『三槐荒涼抜書要』の翻刻と紹介―」(『『平家物語』本文考』汲古書院、二〇一三年。初出は二〇〇四年)
佐々木紀一「北条時家略伝」(『米沢史学』第一五号、一九九九年)
佐々木紀一「日本国ふたりの将軍といはればや―『平家物語』の義仲と頼朝―」(『米沢史学』第三一号、二〇一五年)
佐藤進一「鎌倉幕府政治の専制化について」(『日本中世史論集』岩波書店、一九九〇年)
白井克浩「承久の乱再考―北条義時追討宣旨をめぐって―」(『ヒストリア』第一八九号、二〇〇四年)
杉橋隆夫「鎌倉執権政治の成立過程―十三人合議制と北条時政の「執権」職就任―」(瀬野精一郎、村井章介編『日本古文書学論集五　中世一　鎌倉時代の政治関係文書』吉川弘文館、一九八六年。初出は一九八一年)
曽我部愛「嘉禄～寛喜年間の神護寺復興事業と後高倉王家」(『年報中世史研究』第四〇号、二〇一五年)
平雅行編『中世の人物　京・鎌倉の時代編　第3巻　公武権力の変容と仏教界』(清文堂出版、二〇一四年)
高橋一樹『動乱の東国史2　東国武士団と鎌倉幕府』(吉川弘文館、二〇一三年)
髙橋昌明『平家と六波羅幕府』(東京大学出版会、二〇一三年)
田中文英『平氏政権の研究』(思文閣出版、一九九四年)
谷昇『後鳥羽院政の展開と儀礼』(思文閣出版、二〇一〇年)
谷昇「北条政子危急をめぐる朝幕の対応とその背景―新出「藤原定家自筆明月記断簡」(嘉禄元年七月一日～三日条)―」(『立命館文學』第六七四号、二〇二一年)
長村祥知「源行家の軌跡」(『季刊iichiko』第一一〇号、二〇一一年)
長村祥知『中世公武関係と承久の乱』(吉川弘文館、二〇一五年)
長村祥知「中世前期の在京武力と公武権力」(『日本史研究』第六六六号、二〇一八年)

日本史史料研究会編『将軍・執権・連署』(吉川弘文館、二〇一八年)
貫達人「鎌倉幕府成立時期論」(『青山史学』第一号、一九六九年)
野口実「流人の周辺―源頼朝挙兵再考―」(野口実『増補改訂 中世東国武士団の研究』戎光祥出版、二〇二一年。初刊は高科書店、一九九四年)
野口実「鎌倉武士と報復―畠山重忠と二俣川の合戦―」(清水亮編著『中世関東武士の研究 第7巻 畠山重忠』戎光祥出版、二〇一二年。初出は二〇〇二年)
野口実「承久の乱における三浦義村」(野口実編『承久の乱の構造と展開』戎光祥出版、二〇一九年。初出は二〇〇五年)
野口実「「京武者」の東国進出とその本拠地について―大井・品川氏と北条氏を中心に―」(『京都女子大学宗教・文化研究所研究紀要』第一九号、二〇〇六年)
野口実「伊豆北条氏の周辺―時政を評価するための覚書―」(『京都女子大学宗教・文化研究所研究紀要』第二〇号、二〇〇七年)
野口実「北条時政の上洛」(『京都女子大学宗教・文化研究所研究紀要』第二五号、二〇一二年)
野口実「平清盛と東国武士―富士・鹿島社参詣計画を中心に―」(『立命館文學』第六二四号、二〇一二年)
野口実『坂東武士団の成立と発展』(戎光祥出版、二〇一三年。初刊は弘生書林、一九八二年)
野口実『東国武士と京都』(同成社、二〇一五年)
野口実「源頼朝の挙兵と諸国の目代」(『京都女子大学宗教・文化研究所研究紀要』第二九号、二〇一六年)
野口実『増補改訂 中世東国武士団の研究』(戎光祥出版、二〇二一年。初刊は高科書店、一九九四年)
野口実編『中世の人物 京・鎌倉の時代編 第2巻 治承~文治の内乱と鎌倉幕府の成立』(清文堂出版、二〇一四年)
野口実編『承久の乱の構造と展開』(戎光祥出版、二〇一九年)
北条氏研究会編『北条氏発給文書の研究 附 発給文書目録』(勉誠出版、二〇一九年)

細川重男『鎌倉北条氏の神話と歴史』（日本史史料研究会、二〇〇七年）
細川重男『執権　北条氏と鎌倉幕府』（講談社、二〇一九年。初刊は二〇一一年の『北条氏と鎌倉幕府』）
松薗斉「武家平氏の公卿化について」（『九州史学』第一一八・一一九号、一九九七年）
美川圭「建武政権の前提としての公卿会議―「合議と専制」論をめぐって―」（大山喬平教授退官記念会編『日本国家の史的特質　古代・中世』思文閣出版、一九九七年）
美川圭『院政　増補版』（中央公論新社、二〇二一年。初刊は二〇〇六年）
目崎徳衛『史伝　後鳥羽院　新装版』（吉川弘文館、二〇二〇年。初刊は二〇〇一年）
元木泰雄『源義経』（吉川弘文館、二〇〇七年）
元木泰雄「平重盛論」（朧谷壽・山中章編『平安京とその時代』思文閣出版、二〇〇九年）
元木泰雄『平清盛の闘い』（角川学芸出版、二〇一一年。初刊は角川書店、二〇〇一年）
元木泰雄『河内源氏』（中央公論新社、二〇一一年）
元木泰雄『保元・平治の乱』（角川学芸出版、二〇一二年。初刊は日本放送出版協会、二〇〇四年の『保元・平治の乱を読みなおす』）
元木泰雄『平清盛と後白河院』（角川学芸出版、二〇一二年）
元木泰雄『敗者の日本史5　治承・寿永の内乱と平氏』（吉川弘文館、二〇一三年）
元木泰雄『源頼朝』（中央公論新社、二〇一九年）
元木泰雄編『日本の時代史7　院政の展開と内乱』（吉川弘文館、二〇〇二年）
元木泰雄編『中世の人物　京・鎌倉の時代編　第1巻　保元・平治の乱と平氏の栄華』（清文堂出版、二〇一四年）
森幸夫「伊豆守吉田経房と在庁官人北条時政」（『季刊ぐんしょ』再刊第八号、一九九〇年）
森幸夫「頼朝挙兵時の相模国目代について」（『日本史史料研究会会報　無為　無為』第九号、二〇〇九年）
森幸夫『北条重時』（吉川弘文館、二〇〇九年）

安田元久『北条義時』（吉川弘文館、一九六一年）
山本みなみ「北条時政とその娘たち―牧の方の再評価―」（『鎌倉』第一一五号、二〇一三年）
山本みなみ「和田合戦再考」（『古代文化』第六八巻第一号、二〇一六年）
山本みなみ「慈円書状をめぐる諸問題」（元木泰雄編『日本中世の政治と制度』吉川弘文館、二〇二〇年）
山本みなみ「北条義時の死と前後の政情」（『鎌倉市教育委員会文化財部調査研究紀要』第二号、二〇二〇年）

史料

『吾妻鏡』（新訂増補国史大系、吉川弘文館）
『吾妻鏡』（『新訂吾妻鏡』和泉書院）
『吉口伝』（群書類従、続群書類従完成会）
『兵範記』（史料大成、臨川書店）
『平家物語』（新日本古典文学大系、岩波書店）
『平家物語』（『校訂延慶本平家物語』汲古書院）
『平治物語』（講談社）
『曽我物語』（新編日本古典文学全集、小学館）
『たまきはる（建春門院中納言日記）』（『とはずがたり　たまきはる』新日本古典文学大系、岩波書店）
『建礼門院右京大夫集』（新編日本古典文学全集、小学館）
『山槐記』（史料大成、臨川書店）
『玉葉』（国書刊行会）
『明月記』（『翻刻明月記』朝日新聞社）

『愚管抄』（日本古典文学大系、岩波書店）
『保暦間記』（群書類従、続群書類従完成会）
『平安遺文』（東京堂出版）
『鎌倉遺文』（東京堂出版）

北条義時略年譜

和暦	西暦	年齢	事項
永暦元年	一一六〇年	―	三月、源頼朝、伊豆国に配流。
長寛元年	一一六三年	一歳	この年、時政の次男として北条義時誕生。
治承四年	一一八〇年	十八歳	八月、頼朝の挙兵に従う。頼朝、平兼隆を討つ。石橋山合戦。兄宗時、討ち死に。十月、富士川合戦。
治承五年	一一八一年	十九歳	四月、頼朝、寝所の近辺に祗候する者を選び、義時も名を連ねる。
寿永元年	一一八二年	二十歳	十一月、父時政、伊豆国へ下る。義時は従わず、頼朝より賞される。
寿永二年	一一八三年	二十一歳	七月、平家都落ち。この年、長男泰時誕生。
元暦元年	一一八四年	二十二歳	八月、源範頼に従い、平家追討のため西国に向かう。
元暦二年	一一八五年	二十三歳	三月、壇ノ浦合戦で平家滅亡。
文治元年	〃	〃	十月、勝長寿院の落慶供養に供奉。
文治五年	一一八九年	二十七歳	四月、弟が元服して時連と名乗る（のちの時房）。閏四月、源義経、藤原泰衡に討たれる。九月、奥州合戦で平泉藤原氏滅亡。
建久元年	一一九〇年	二十八歳	十一月、頼朝、権大納言となる。義時、頼朝に供奉して六条若宮・石清水八幡宮に参詣。頼朝、右近衛大将を兼ねる。十二月、頼朝、権大納言・右近衛大将を辞す。

建久二年	一一九一年	二十九歳	三月、鎌倉大火で御所・鶴岡八幡宮・義時邸焼亡。
建久三年	一一九二年	三十歳	三月、後白河院死去。七月、頼朝、征夷大将軍となる。八月、実朝誕生。義時以下六人、護刀を献じる。九月、比企朝宗の娘の姫前を妻に迎える。
建久四年	一一九三年	三十一歳	五月、曽我兄弟の仇討ち事件が発生。
建久六年	一一九五年	三十三歳	二月、頼朝の上洛に供奉。
建久十年	一一九九年	三十七歳	正月、頼朝死去。源頼家、父頼朝の跡を継ぐ。四月、時政・義時を含む十三人以外が頼家に取り次ぐことを禁ずる。
建仁三年	一二〇三年	四十一歳	九月、比企能員殺害。比企氏の拠る一幡の館（小御所）を攻める。実朝、従五位下・征夷大将軍となる。後鳥羽院より実朝の名を賜る。十月、実朝、時政邸で元服。義時ら雑具を持参する。十一月、鎌倉中の寺社奉行が定められ、義時らは鶴岡八幡宮を担当。
元久元年	一二〇四年	四十二歳	三月、従五位下・相模守となる。七月、頼家、殺害される。十一月、義時の弟政範、京都で死去。
元久二年	一二〇五年	四十三歳	六月、討伐軍の大将軍として畠山重忠を討つ。閏七月、時政出家し、伊豆国北条に下る。
建永元年	一二〇六年	四十四歳	五月、大中臣能隆、加藤光員の神宮領押領・検非違使罷免を訴える。義時・大江広元・三善康信、押領は沙汰に及ばず、検非違使については後鳥羽院の判断に委ねるとして却下する。六月、頼家の子善哉（公暁）、政子邸で着袴の儀を行う。
建永二年	一二〇七年	四十五歳	六月、天野遠景、恩賞要求の嘆願書を義時に提出。

承元三年	一二〇九年	四十七歳	五月、和田義盛、上総介就任を望むが実現せず。十一月、義時が年来の郎従を一般御家人に準じて遇するよう求める。
承元四年	一二一〇年	四十八歳	七月、上総国在庁官人、新国司・藤原秀康の使者の横暴を訴え出る。
建暦三年	一二一三年	五十一歳	二月、千葉成胤、謀叛を計画する安念法師を捕らえて義時に引き渡す。三月、義盛、甥胤長の赦免を願い出て却下される。四月、義時、和田胤長の元屋敷地を拝領。五月、義盛率いる軍勢、御所を襲う。横山時兼、義盛に合流。義盛敗死。義時、侍所別当を兼ねる。被官の金窪行親を侍所所司に任じる。相模国山内荘を得る。
建保四年	一二一六年	五十四歳	正月、従四位下となる。六月、実朝、権中納言となる。七月、実朝、左近衛中将を兼ねる。
建保五年	一二一七年	五十五歳	六月、公暁、鶴岡八幡宮別当となる。
建保六年	一二一八年	五十六歳	二月、政子・時房上洛。四月、政子、従三位となる。十月、実朝、内大臣となる。十一月、政子、従二位となる。十二月、実朝、右大臣となる。
建保七年	一二一九年	五十七歳	一月、任右大臣拝賀のため鶴岡八幡宮に参詣する実朝に従うも、不調を来して御剣役を源仲章に譲り退出。実朝、公暁に討たれる。二月、伊賀光季、京都警固のため上洛。三月、後鳥羽院の使者の藤原忠綱下向。義時の摂津国長江荘地頭職の停止を求める。
承久元年	〃	〃	七月、九条道家の子三寅（頼経）、鎌倉に下向。
承久三年	一二二一年	五十九歳	四月、順徳天皇譲位。仲恭天皇践祚。五月、義時追討の宣旨下る。後鳥羽院、伊賀光季を討つ。六月、義時邸に落雷。泰時率いる軍勢、宇治川

			を渡る。泰時ら、六波羅館に入る。泰時、合戦の勝利を鎌倉に伝える。七月、後高倉院政始まる。後堀河天皇践祚。後鳥羽院、隠岐に配流。順徳院、佐渡に配流。八月、三善康信死去。閏十月、土御門院、土佐に配流。
貞応二年	一二二三年	六十一歳	九月、三寅邸の新設を決定。
貞応三年	一二二四年	六十二歳	六月、義時死去。泰時・時房、政子より幕府の運営を委ねられる。義時後室伊賀の方の一族、一条実雅の将軍擁立を計画との風聞（伊賀氏事件）。七月、四十九日の仏事。

岩田慎平（いわた・しんぺい）

1978年（昭和53年），和歌山県に生まれる．京都教育大学教育学部卒業．佛教大学大学院修士課程を経て，関西学院大学大学院博士課程に進み，博士（歴史学）を取得．専門分野は日本中世史（中世武士論，鎌倉幕府論）．

関西学院大学，立命館大学，佛教大学で非常勤講師を務め，現在，神奈川県愛川町郷土資料館主任学芸員．

著書に『平清盛』（新人物往来社），『承久の乱の構造と展開』（分担執筆，野口実編，戎光祥出版），『日本中世の政治と制度』（分担執筆，元木泰雄編，吉川弘文館）などがある．

北条義時《ほうじょうよしとき》
中公新書 *2678*

2021年12月25日初版
2022年1月20日再版

著　者　岩田慎平
発行者　松田陽三

本文印刷　暁印刷
カバー印刷　大熊整美堂
製　　本　小泉製本

発行所　中央公論新社
〒100-8152
東京都千代田区大手町1-7-1
電話　販売　03-5299-1730
　　　編集　03-5299-1830
URL https://www.chuko.co.jp/

Published by CHUOKORON-SHINSHA, INC.
Printed in Japan　ISBN978-4-12-102678-1 C1221

中公新書刊行のことば

一九六二年一一月

いまからちょうど五世紀まえ、グーテンベルクが近代印刷術を発明したとき、書物の大量生産は潜在的可能性を獲得し、いまからちょうど一世紀まえ、世界のおもな文明国で義務教育制度が採用されたとき、書物の大量需要の潜在性が形成された。この二つの潜在性がはげしく現実化したのが現代である。

いまや、書物によって視野を拡大し、変りゆく世界に豊かに対応しようとする強い要求を私たちは抑えることができない。この要求にこたえる義務を、今日の書物は背負っている。だが、その義務は、たんに専門的知識の通俗化をはかることによって果たされるものでもなく、通俗的好奇心にうったえて、いたずらに発行部数の巨大さを誇ることによって果たされるものでもない。現代を真摯に生きようとする読者に、真に知るに価いする知識だけを選びだして提供すること、これが中公新書の最大の目標である。

私たちは、知識として錯覚しているものによってしばしば動かされ、裏切られる。私たちは、作為によってあたえられた知識のうえに生きることがあまりに多く、ゆるぎない事実を通して思索することがあまりにすくない。中公新書が、その一貫した特色として自らに課すものは、この事実のみの持つ無条件の説得力を発揮させることである。現代にあらたな意味を投げかけるべく待機している過去の歴史的事実もまた、中公新書によって数多く発掘されるであろう。

中公新書は、現代を自らの眼で見つめようとする、逞しい知的な読者の活力となることを欲している。

中公新書

日本史

d 1

2189 歴史の愉しみ方 磯田道史
2455 日本史の内幕 磯田道史
2295 天災から日本史を読みなおす 磯田道史
2579 米の日本史 佐藤洋一郎
2389 通貨の日本史 高木久史
2321 道路の日本史 武部健一
2494 温泉の日本史 石川理夫
2671 親孝行の日本史 勝又基
2500 日本史の論点 中公新書編集部編
1617 歴代天皇総覧（増補版） 笠原英彦
2302 日本人にとって聖なるものとは何か 上野誠
2619 もののけの日本史 小山聡子
1928 物語 京都の歴史 脇田修 脇田晴子
2345 京都の神社と祭り 本多健一
2654 日本の先史時代 藤尾慎一郎

482 倭国 岡田英弘
147 騎馬民族国家（改版） 江上波夫
2164 魏志倭人伝の謎を解く 渡邉義浩
1085 古代朝鮮と倭族 鳥越憲三郎
2533 古代日中関係史 河上麻由子
2470 倭の五王 河内春人
2462 大嘗祭―天皇制と日本文化の源流 工藤隆
1878 古事記の起源 工藤隆
2095 『古事記』神話の謎を解く 西條勉
1502 日本書紀の謎を解く 森博達
2362 六国史《りっこくし》―日本書紀に始まる古代の「正史」 遠藤慶太
2673 国造―大和政権と地方豪族 篠川賢
804 蝦夷《えみし》 高橋崇
1041 蝦夷《えみし》の末裔 高橋崇
1293 壬申の乱 遠山美都男
2636 古代日本の官僚 虎尾達哉
1568 天皇誕生 遠山美都男

2371 カラー版 古代飛鳥を歩く 千田稔
2168 飛鳥の木簡―古代史の新たな解明 市大樹
2353 蘇我氏―古代豪族の興亡 倉本一宏
2464 藤原氏―権力中枢の一族 倉本一宏
2563 持統天皇 瀧浪貞子
2457 光明皇后 瀧浪貞子
2648 藤原仲麻呂 仁藤敦史
1967 正倉院 杉本一樹
2452 斎宮―伊勢斎王たちの生きた古代史 榎村寛之
2441 大伴家持 藤井一二
2510 公卿《くぎょう》会議―論戦する宮廷貴族たち 美川圭
2536 天皇の装束 近藤好和
2559 菅原道真 滝川幸司
2281 怨霊とは何か 山田雄司
2662 荘園 伊藤俊一

中公新書

日本史

d2

2127 河内源氏 元木泰雄
2573 公家源氏―王権を支えた名族 倉本一宏
2655 刀伊の入寇 関幸彦
1622 奥州藤原氏 高橋崇
1867 院政（増補版） 美川圭
608 613 中世の風景（上下） 阿部謹也・網野善彦・石井進・樺山紘一
1503 古文書返却の旅 網野善彦
1392 中世都市鎌倉を歩く 松尾剛次
2336 源頼政と木曽義仲 永井晋
2526 源頼朝 元木泰雄
2517 承久の乱 坂井孝一
2461 蒙古襲来と神風 服部英雄
2653 中先代の乱 鈴木由美
1521 後醍醐天皇 森茂暁
2601 北朝の天皇 石原比伊呂

2463 兼好法師 小川剛生
2443 観応《かんのう》の擾乱《じょうらん》 亀田俊和
2179 足利義満 小川剛生
978 室町の王権 今谷明
2401 応仁の乱 呉座勇一
2058 日本神判史 清水克行
2139 贈与の歴史学 桜井英治
2481 戦国日本と大航海時代 平川新
2343 戦国武将の実力 小和田哲男
2084 戦国武将の手紙を読む 小和田哲男
2593 戦国武将の叡智 小和田哲男
1213 流浪の戦国貴族 近衛前久 谷口研語
2665 三好一族―戦国最初の「天下人」 天野忠幸
1625 織田信長合戦全録 谷口克広
1782 信長軍の司令官 谷口克広
1907 信長と消えた家臣たち 谷口克広
1453 信長の親衛隊 谷口克広

2421 織田信長の家臣団―派閥と人間関係 和田裕弘
2503 信長公記《しんちょうこうき》―戦国覇者の一級史料 和田裕弘
2555 織田信忠―天下人の嫡男 和田裕弘
2645 天正伊賀の乱 和田裕弘
2622 明智光秀 福島克彦
784 豊臣秀吉 小和田哲男
2557 太閤検地 中野等
2265 天下統一 藤田達生
2357 古田織部 諏訪勝則
2678 北条義時 岩田慎平

中公新書

日本史

476 江戸時代 大石慎三郎
2552 藩とは何か 藤田達生
2565 大御所 徳川家康 三鬼清一郎
1227 保科正之《ほしなまさゆき》 中村彰彦
740 元禄御畳奉行の日記 神坂次郎
2531 火付盗賊改《ひつけとうぞくあらため》 高橋義夫
853 遊女の文化史 佐伯順子
2376 江戸の災害史 倉地克直
2584 椿井文書―日本最大級の偽文書 馬部隆弘
2380 ペリー来航 西川武臣
2047 オランダ風説書 松方冬子
1619 幕末の会津藩 星亮一
1958 幕末維新と佐賀藩 毛利敏彦
2497 公家たちの幕末維新 刑部芳則
1754 幕末歴史散歩 東京篇 一坂太郎
1811 幕末歴史散歩 京阪神篇 一坂太郎
2617 暗殺の幕末維新史 一坂太郎
1773 新選組 大石学
2040 鳥羽伏見の戦い 野口武彦
455 戊辰戦争 佐々木克
1235 奥羽越列藩同盟 星亮一
1728 会津落城 星亮一
2498 斗南藩《となみ》―「朝敵」会津藩士たちの苦難と再起 星亮一
2675 江戸―平安時代から家康の建設へ 齋藤慎一

d3

中公新書

現代史

2105 昭和天皇 古川隆久
2309 朝鮮王公族―帝国日本の準皇族 新城道彦
2482 日本統治下の朝鮮 木村光彦
632 海軍と日本 池田清
2192 政友会と民政党 井上寿一
1138 キメラ―満洲国の肖像（増補版） 山室信一
2348 日本陸軍とモンゴル 楊海英
2144 昭和陸軍の軌跡 川田稔
2587 五・一五事件 小山俊樹
76 二・二六事件（増補改版） 高橋正衛
2059 外務省革新派 戸部良一
1951 広田弘毅 服部龍二
2657 平沼騏一郎 萩原淳
795 南京事件（増補版） 秦郁彦
84 90 太平洋戦争（上下） 児島襄
2465 日本軍兵士―アジア・太平洋戦争の現実 吉田裕
2387 戦艦武蔵 一ノ瀬俊也
2525 硫《い》黄《おう》島《とう》 石原俊
2337 特攻―戦争と日本人 栗原俊雄
244 248 東京裁判（上下） 児島襄
2015 「大日本帝国」崩壊 加藤聖文
2296 日本占領史 1945-1952 福永文夫
2411 シベリア抑留 富田武
2471 戦前日本のポピュリズム 筒井清忠
2171 治安維持法 中澤俊輔
1759 言論統制 佐藤卓己
828 清沢《きよさわ》洌《きよし》（増補版） 北岡伸一
2638 幣原喜重郎 熊本史雄
1243 石橋湛山 増田弘
2515 小泉信三―天皇の師として、自由主義者として 小川原正道